KB271924

고질라가 오는 밤에

지은이

다카하시 토시오 高橋敏夫

일본의 문예평론가이자 와세다대학교 명예교수이다. 일본 근현대문학과 문예비평을 전공했으며, 문화청의 여러 예술 관련 심사위원을 역임했다. 1995년 와세다대학교 조교수가 되었고, 1999년 교수로 승진해 2022년 정년퇴임했다. 문학뿐만 아니라 연극, 영화, 만화, 음악 등 다양한 분야에서 비평 활동을 펼쳤다. 저작으로는 『다양성의 질서-비평의 현재』(1985), 『문화로서의 AIDS』(1987)를 시작으로 『고질라가 오는 밤에』(1993), 『이유없는 살인 이야기』(2001), 『후지사와 슈헤이』(2002, 제15회 대중문학연구상 수상), 『오키나와문학선』(2003), 『시대소설과 만난다』(2008), 『호러국가 일본』(2012년 한국어판), 『아무도 들려주지 않았던 일본현대문학-전쟁·호러·투쟁』(한국어판 선집, 2014), 『저항한다』(2019) 등을 포함해 수십 권의 저작이 있다. 전쟁 방지는 전쟁이 터진 이후가 아니라 평시에 해야 한다는 신념으로 2010년대에 일본에서 나온 대기획 『컬렉션 전쟁×문학 전 20권』의 편집위원으로 참여했다.

옮긴이

곽형덕 郭炯德

일본어문학 연구 및 번역자로 명지대 일어일문학전공 교수로 재직 중이다. 저서로 『김사량과 일제 말 식민지문학』(2017)이 있고, 편역서로는 『오무라 마스오와 한국문학』(2024), 『오키나와문학 선집』(2020), 『대동아문학자대회 회의록』(2019)이 있다. 번역서로는 『낙하산 병사의 선물』(마타요시 에이키, 2025), 『배면의 지도』(김시종, 2024), 『일본풍토기』(김시종, 2022), 『무지개 새』(메도루마 슌, 2019), 『돼지의 보복』(마타요시 에이키, 2019), 『지평선』(김시종, 2018), 『한국문학의 동아시아적 지평』(오무라 마스오, 2017), 『아쿠타가와의 중국 기행』(2016), 『니이가타』(김시종, 2014), 『김사량, 작품과 연구』 1~5(2008~2016) 등이 있다.

고질라가 오는 밤에
'사고(思考)를 재촉하는 괴수'의 현대사

초판발행 2026년 4월 20일

지은이 다카하시 토시오
옮긴이 곽형덕

펴낸이 박성모
펴낸곳 소명출판
출판등록 제1998-000017호
주소 서울시 서초구 사임당로14길 15 서광빌딩 2층
전화 02-585-7840
팩스 02-585-7848
이메일 somyungbooks@daum.net
홈페이지 www.somyong.co.kr

ISBN 979-11-7549-058-1 03680
정가 16,000원

고질라가 오는 밤에

'사고를 재촉하는 괴수'의 현대사

다카하시 토시오 지음

곽형덕 옮김

차례

돌아온 고질라

고질라는 우리에게 가장 친근한 괴수로 남아 있다.

모든 괴수는 고질라에서 시작됐다고 해도 과언은 아니다.

그 정도로 고질라는 획기적인 괴수다.

모든 괴수, 괴물과 거대 괴수 스타일에 대한 반발로부터 시작된 요괴나 반인반수는, 고질라와의 관계 속에서 각각의 자리를 확보하고 있다. 고질라가 없는 곳에서도 우리는 고질라를 찾아낸다.

고질라는 편재해 있다.

하지만 그렇기에 고질라는 우리의 주변에 완전히 녹아있다.

우리는 고질라와 함께 살아왔음에도, 아니 그렇기에 고질라에 익숙해져 고질라를 느끼기 어려워졌다.

그렇다면 우리가 고질라를 길들여왔던 것일까.

아니면 우리가 고질라에 길들여졌던 것일까.

고질라와 관련된 미국과 일본의 영화, 심리전

한동안 잠들어 있던 고질라가 우리 앞에 다시 모습을 드러냈다. 미국판 갓질라GODZILLA가 세계 최초로 공개된 날 밤 "이것은 일본의 고질라와는 다른 조잡한 것"이라는 조소와 함께 갑자기 부활이 결정된 신·신고질라 시리즈의 뉴고질라다.

'제2의 패전'[1] 감각이 농후해진 시대에 고질라를 둘러싸고 미일 간의 영상 전쟁이라 할 수 있는 일그러진 심리 전쟁이 시작되는 것일까. 익숙했던 고질라는 이제 낯선 갓질라로 변모하는 것일까.

고질라는 역대 사상 최고와 최강을 자랑하는 뉴고질라로 변해, 점점 '일본의 상징'에 가까이 다가가는 것일까.

나는 익숙하지 않고 묘하게 생생한 고질라를 이러한 맥락에서 체험해야만 하는 불행을 한탄하고 싶지는 않다. 다시 일어나서 포효하고, 파괴를 시작한 고질라가 느닷없이 최신 특수촬영 기술에 의해 '사상 최고 최강' 노선에서 벗어나, 자신의 기억을 거슬러 공룡 스타일의 대괴수라고 하는 이형異形에 집중된 사회적 열세를 접하고 어둠의 고질라로 회귀해 다시 출현하지 말라는 법은 없다. 살아 있기만 하다면 어떤 뜻밖의 전개가 있을지 알 수 없다.

현재는 고질라의 시대에 비견될 수 있을 정도로 사회 한복판에 정체를 알 수 없는 것, 기묘한 것이 가득 넘쳐나는 '괴물의 시대'이

---

1   [역자 주] 패전 50년 즈음 버블 붕괴 후의 경제적 혼란과 사회 불안, 행정 불신 등의 상황을 나타내는 용어이다.

기도 하다.

고질라가 괴물들을 비추는 동시에 괴물들이 고질라를 부상시키고 있는 것일까.

고질라는 세계를 구할 수 있을까

며칠 전, 나는 도쿄 교외에 있는 T시에서 개최된 '평화 축전'에서 고질라 이야기를 했다. 주최 측이 내게 요구한 주제는 "고질라는 세계를 구할 수 있을까"였다.

물론 고질라는 세계를 구할 수 없다.

고질라는 일본인을 구할 수 없으며 인류도 구할 수 없다.

경제 시스템도 정치 시스템도 구할 수 없으며, 국제 관계도 지구 환경도 구할 수 없다.

고질라는 매년 구렁텅이를 갱신하는 일본 영화를 구할 수 없다. 고질라 영화에서 '고질라라는 존재'가 점차 희박해지는 것을 본다면 고질라는 본래 자신도 구할 수 없는 존재다.

고질라가 많은 팬을 잃은 것은 영화 속에서 다른 괴수나 우주인으로부터 "일본을 구하거나, 지구를 구하거나, 세계를 구하거나", 방위대나 자위대 흉내를 냈기 때문이다.

고질라는 세계를 구할 수 없다. 하지만 고질라가 세계를 구할 수 없기에 그렇다는 것이 아니다. 고질라 영화의 고질라와는 꼭 겹치지 않는 '고질라라는 존재'는 세계를 구하지 않는다. 아니, 좀 더 정확히 말할 필요가 있다.

고질라는 지금 존재하는 '세계'를 인정하지 않고, '일본인'을 인정하지 않고, '인류'를 '경제 시스템, 정치 시스템'을 '국제 관계'를 '지구 환경'을 인정하지 않기에 구하지 않는다.

"괴물이 나타났다, 인간이 변해라"라는 메시지

'고질라라는 존재' 자체가 그러한 것에 대한 근본적인 위화감, 혐오, 증오로부터 태어났음을 다시 상기시켜야만 한다. 근본적인 위화감이야말로 이 세계와는 한없이 먼 '공룡 스타일의 대괴수'라는 모습을 만들어낸 원천이다.

고질라가 반세기 넘게 지속될 수 있었던 것은 고질라가 마주 보는 세계가 표면적으로는 변전變轉에 변전을 거듭하면서도 사실은 그다지 크게 변하지 않았음을 말해준다.

그러므로 고질라는 세계를 구할 수 없다.

거꾸로 말하면, 고질라는 "괴물이 나타났다, 괴물을 죽여라"라는 괴물 박멸의 이야기가 아니라, "괴물이 나타났다, 인간이 변해라"라는 인간의 변화와 세계의 변화 가능성을 지닌 괴수다.

사실 주최 측도 그렇고 많은 청중도 "고질라가 세계를 구하지 못 하고" 부인하는 것을, 이 세계를 부인하는 것이 점차 어려워지는 현재의 시대 속에서 강하게 원하고 있었다.

하지만 그렇다 해도 세계를 부인하는 것이 고질라의 상징이라는 사실은 과연 고질라에게도 행복한 일일까.

고질라 따위보다도 훨씬 중요한 큰 문제가 있다는 견해도 있을 수 있다. 하지만 고질라로는 작동하지 않고 더 큰 문제로만 움직인다는 사고는 반드시 결락을 포함한 사고이며, 고질라를 '큰 문제'로부터 배제한다는 것은 그 만큼 고질라적인 문제로부터 자유로울 수 없음을 의미한다.

『고질라가 오는 밤에』와 「'고질라'가 오는 밤」

이 책의 타이틀인 『고질라가 오는 밤에ゴジラが来る夜に』는 현대문학의 괴물적 존재인 다케다 다이준武田泰淳의 「'고질라'가 오는 밤ゴジラの来る夜」1959을 의식하며 지었다.

눈에 보이는 고질라가 끝끝내 나타나지 않는 이 독특한 작품을 내가 읽은 시기는 1970년대 말이었다. 분신인 메카고질라와의 처절한 싸움에 지친 고질라가 긴 잠에 빠진 무렵의 일이다.

그 당시 나는 악운이 겹쳐서 안면 마비가 오고 말문이 막혀 방에 틀어박힌 채로 삶의 의욕을 완전히 잃어버린 상태였다. 적어도 밤거리를 산책할 정도만이라도 회복하자는 생각에 두꺼운 커튼으로 창문을 덮은 작은 방에서 나는 매일 대장편 소설 『대보살고개

大菩薩峠』[2]를 읽었다. 또한 틈틈이 하나다 기요테루花田淸輝의 에세이를 언제 끝날지도 모르고 한 편씩 읽어나갔다. 그러던 중 하나다의 「과학소설」이라는 에세이에서 다케다 다이준의 「'고질라'가 오는 밤」을 발견했다.

그 제목을 본 순간 나는 "그렇지, 그렇지. 그랬던 거야. 밤이면 이 방에 이미 와서 그득 차 있던 것은 바로 고질라였던 거야" 하고 기묘한 감개를 느꼈던 순간을 기억한다.

멸망滅亡과 이형異形에 이끌려서

다음 날 먼지를 뒤집어 쓴 『다케다 다이준 전집』 6권을 꺼내서 「'고질라'가 오는 밤」을 읽었다. 그후 "(대大도쿄가 파멸하는 순간) '신이시여, 당신은 고질라였던 것입니까'라는 생각이 양철 파편처럼 반짝이며 스쳐 지나갔다. (…중략…) '신이시여, 당신은 고질라였던 것입니까'"로 끝나는 이 짧은 작품이 「멸망에 관해滅亡について」에세이나 「괴이한 사람異形の者」이나 「반짝이끼ひかりごけ」나 「후지富士」 등 다케다 다이준의 주요 작품으로 이어지는 실로 흥미로운 작품이었음을 확신했다. 동시에 이 작품에 인도돼 지금까지 제대로 응시하지 못 했던 고질라를 둘러싼 많은 문제를 직시할 수 있었다.

---

2   [역자 주] 나카자토 가이잔(中里介山)의 장편소설로 1913년부터 1941년 사이에 발표됐다. 작가의 죽음으로 미완으로 남았다.

만약에 앞으로도 고질라를 사유할 기회가 있다면 이 제목에서 벗어나는 일은 없을 것이다.

그로부터 많은 시간이 지나 고질라와의 뜻하지 않은 재회와 우연이 겹치며 고질라에 관한 생각을 정리할 수 있는 기회가 찾아왔다.

그때 「'고질라'가 오는 밤」을 『고질라가 오는 밤에』로 바꿨던 이유를 나도 명확히는 모르겠다. 의식적으로 바꾸려고 했던 것은 아니었다. 그 변화를 한참 후에 눈치 챘는데 『고질라가 오는 밤에』가 어쩐지 딱 들어맞았기 때문이다.

다시 두 제목을 봤다. '고질라'에 붙은 쉼표가 사라졌고 '밤'이 '밤에'로 변했다. 비슷한 듯 보이나 완전히 다른 제목처럼 느껴진다. 하지만 다른 것 같으면서도 많이 변한 것 같지 않은 느낌도 든다.

여하튼 다케다 다이준이 「'고질라'가 오는 밤」에서 만들어낸 고질라 이미지를 확충하고 조금이라도 바꿀 수 있다면, "인간의 변화와 세계의 전환"^{이것은 이미 고질라다!}을 향한 길고 긴 회복을 향한 내 작은 시도도 의미가 있을 것이다.

괴물의 시대가 시작됐다

이 사회 한복판에 정체를 알 수 없는 것, 파악하기 힘든 것, 확실하지 않은 것이 차례차례 출현하고 있다. 바야흐로 괴물의 시대다.

참으로 얄궂게도, 저 거대한 괴물 고질라가 내부로부터 녹아내린 지 거의 40년 만이다. 그 죽음이 확인된 1995년 무렵고질라 시리즈의 종언 선언부터, '괴물의 시대'가 명확하게 그 모습을 드러내기 시작했다.

그렇다. 바로 괴물의 시대이다.

현재 확실한 것은 지금부터 '괴물의 시대'를 거부할 어떠한 방책도 없다는 사실이다. '괴물의 시대'는 그 정도가 더욱 강해지고 있다. 그에 따라 일방적으로 '괴물'을 배척하려는 힘 또한 거세질 것이다.

'킹 오브 몬스터'라는 고질라를 떠올릴 때, 또한 미국에서 고질라 영화가 만들어져 신新·신고질라 시리즈가 시작되는 시기에, 우리는 '괴물의 시대'라 할 수 있는 현재의 상황으로부터 도망칠 수 없다.

아마도 우리의 '지금 여기'는, 처음 고질라와 직면했었던 '지금 여기'와 반대 측면에서 이어져있는 것 같다.

괴물의 시대가 도래한 것은 우선 소설에도 현저히 드러나 있다.

예를 들면 미야베 미유키宮部みゆき의 미스터리 소설『이유理由』1998 에는 경매물건인 맨션에 몰래 숨어 살기 시작한 무시무시하고 조용한 '괴물들'이 등장한다. 소설은 괴물 이야기의 상식괴물이 나타났다, 괴물을 죽여라이며 정체 모를 자들의 죽음으로 끝난다. 하지만 '괴물들' 과 조우한 어느 주부는 토해 내듯이 말한다.

> 저 사람들은 어딘가 대단히 이상한 사람들이었어요. 처음부터 보통 이 아닌 분위기가 감돌고 있었어요. 온전치 않다고 해야 할까요.

그러니까 그들이 죽었다는 소식을 들었을 때 조금도 놀라지 않았다고…….

실은 이 주부도 버블 붕괴의 충격으로 맨션에 잡힌 빚을 갚지 못해 가정이 붕괴되는 등, 자신이 꿈꾸던 '보통'의 생활을 유지할 수 없게 된 상태다. 질서에 대한 의식은 질서의 끝에서 강해진다. 또한 그것이 무너져가기 시작했을 때 더욱 강해진다. 이 주부의 "보통이 아니다……"는 말은 그렇게 이해할 수 있다.

하지만 그렇다고 해도 위기에 처한 '보통생활'은 참으로 무섭다.

위험해진 '보통'을 지키기 위해서, '보통이 아닌' 것을 발견해 내고 감시하며 점검하고 배제하는 '보통'의 시선이 거세진다. 그러한

잔혹한 시선에 노출되면서 그것을 견뎌내는 '괴물들'에게 내 시선
은 강하게 끌린다.

저 사람들은 어딘가 대단히 이상한 사람들이었어요. 처음부터 보통
이 아닌 분위기가 감돌고 있었어요. 온전치 않다고 해야 할까요.

이러한 말을 들을 때마다 나는 가슴이 철렁 내려앉는다. 바로 내
이야기가 아닌가 하고 말이다. 사건이 일어날 때마다 '저것은 나
다'라는 식의 평론가 풍의 언설이 넘쳐 나는데 그것과는 조금 다르
다. 정말로 나는 가슴이 철렁하고 내려앉는다. 못 들은 척하지 않
을 수 없을 정도로 가슴이 철렁한다. 내 안의 '이상한' 것이나 '보통
이 아닌' 부분이 그때 목구멍 근처에서 솟아오르는 것을 느껴 기분
이 나빠진다. 과연 당신은 어떤가.
어쨌든 대수롭지 않은 '이상함'이나, '평범하지 않은' 것이 대단
히 인기가 많았던 포스트모던한 1980년과는 완전히 다른 관점이
여기에 있다. 버블 붕괴 및 그 후의 불황으로 '보통'이 현저하게 자
신감을 상실하고 여유도 잃은 후 '보통이 아닌' 것에 공포를 느끼
고 있음이 분명하다.

괴물이 한가득

무라카미 류의 소설은 시부야에서 벌어지는 원조교제 이야기 『러브 & 팝ラブ＆ポップ』1996에서 신주쿠를 무대로 한『인 더 미소수 프イン ザ・ミソスープ』1997로 변화해갔다. 이 작품에는 때때로 몸이 움직이지 않고 말하는 것도 의미가 불분명해져서 여기에 있다는 느낌이 느닷없이 끊어져 버린 남자가 등장하는데 이윽고 그는 대량 살육을 시작한다. 이 남자의 갑작스러운 혼란과 폭력에서 지금이라는 시대의 감촉이 희미하게 전해져 온다.

처참한 장면이 빈출하기 때문에 혹평된 기리노 나쓰오桐野夏生의 『아웃OUT』에서는 히가시무라야마東村山 도시락 공장에서 일하는 주부들이 어떤 사건을 계기로 사체를 토막토막으로 해체하는 '괴물'로 변모해 간다. '아웃'은 그녀들이 '보통'의 경계를 넘어서는 것을 의미한다. 거기에는 어떤 종류의 기묘한 해방감마저 감돈다.

또한 다카무라 가오루高村薫의『레이디 조커レディー・ジョーカー』1997가 부각시킨 것은 차별과 경쟁으로 거대화하는 기업이야말로 다수의 '악귀'를 만들어 낸다는 사실이다. 나는 이러한 기업의 위기를 격화시키는 다섯 '괴물'들의 과감한 실천에 어둡지만 무거운 성원을 보내고 싶다.

'괴물'들이 움직이기 시작했다. 여기에 스즈키 고지鈴木光司의 호러 소설, 쿄고쿠 나쓰히코京極夏彦의 요괴소설 등을 더해도 좋다. 최근 소설에는 괴물이 한가득 있다. 여기에는 우리 시대의 괴물들이,

구석에 몰린 모습으로 포착돼 있다고 해도 좋다.

요괴, '옴 진리교', 아이들

물론 소설만이 아니다. "정체를 알 수 없고 이유도 알 수 없는' 것으로 묘사된 요괴는 게임, 영상, 만화 등에도 넘쳐난다.

불과 얼마 전까지 피카추, 이상해씨, 이시쓰부테ィシツブテ 그리고 사랑스러운 카라카라ヵラヵラ 등의 포켓몬스터들에게 집착했던 아이들이 등교 거부나 학급 붕괴로 내달려 학교라는 시스템을 교란하는 '작은 괴물'로 변하고 있다.

인터넷에서 닥터 키리코[3]와 같은 쓸쓸한 괴물도 점차 명백해져 가고 있다.

또한 연속 살인 사건을 일으킨 고베 소년 A의 집에 "괴물의 집"이나 "괴물을 낳은 책임을 져라" 등이 적힌 엽서가 다수 날아들었다.『'소년A' 그 아이를 낳고(「少年A」この子を生んで……)』에서

이러한 괴물들과 비교해 보면 홍보부장 등을 두고 완고한 회사 조직(의 버블 붕괴)을 방불케 한 '옴オウム' 집단 등은 훨씬 '보통'에 가

---

3   [역자 주] 닥터 키리코 : 1998년 12월 12일 도쿄도 스기나미구에서 발생한 사건이다. 자살 지원자에게 청산가리를 보내서 자살을 방조해 여성 한 명이 사망했고 닥터 키리코(유저 이름)도 자살했다. 닥터 키리코는 데쓰카 오사무의 만화『블랙잭』에 등장하는 인물이기도 하다. 안락사의 필요성과 정당함을 주장하는 의사이다.

깝다. 오히려 '보통'의 응축이라는 인상이 강하다. 그렇게 본다면 '옴' 거부 운동은 괴물 배척에 가깝다. 하지만 "네놈들이 거기서 무엇을 하는지 모두 알고 있어"라는 말이 말해 주듯 집단 내부가 거의 폭로된 현재에 이르러서 보자면 그것은 '보통' 속의 당연한 분쟁이라고 할 수 있다.

어쨌든 이제 괴물을 무시해서는 현재가 보이지 않는다. 괴물을 빼고는 문화를 말할 수 없으며, 괴물 없이는 사회가 성립되지 않는 지점까지 당도한 것처럼 보인다.

괴물에게는 미래가 있다

하지만 그렇다고 해도 '괴물'이란 도대체 무엇인가.

"괴상한 것, 특히 힘이 세고 커다란 요괴"이와나미국어사전(岩波国語辞典)

"정체를 알 수 없는 괴상한 생명체"예해신국어사전(例解新国語辞典)

이런 사전적 정의의 연장선에서 '그것이 무엇인지 알지 못하지만 확실히 거기에 있으면서, 주위에 심대한 영향을 계속해서 미치고 있는 것'이라는 관점을 우선 제시해 본다. 여기서 '우선'이라고 한 것은 그것이 '보통'의 경우 즉 '알고 있는' 측이 내린 공포에 대한 규정이기 때문이다.

따라서 우선 '잘 알 수 없'기에 괴물인 것이지만, 지금 우리 가운데 과연 누가 "나는 괴물이 아니다"라고 확신하고 말할 수 있을 것인가.

당신에게 가장 친근하고 '잘 알 수 없는' 것이야말로 '당신' 자신이며, '당신' 자신을 제어하기 힘들다고 느끼고 있다면 이미 당신은 '당신'이라는 괴물이다.

아마도 지금 우리는 괴물로 굴러 떨어지는 시대를 살아가고 있다. 혹은 괴물이 미래를 발견할 수밖에 없는 시대를 살아가고 있다고 바꿔 말해도 좋다.

괴물로 미래를 발견?

어째서?

괴물을 '그것이 무엇인지 알지 못하지만 확실히 거기에 있으면서 주위에 심대한 영향을 계속해서 미치고 있는 것'이라고 정의해 보자. 그러면 괴물이 가득한 현 상황은 현재의 '보통'을 해석하는 시스템'안다'는 것의 체계이 이미 무효화 됐음을 말해 준다. 이는 우리가 그대로 '보통의 현재'에 계속해서 머무는 것이 결국 불가능함을 의미한다.

내가 괴물을 매개로 이해하려는 이야기는 "괴물이 나타났다, 인간이 변해라"이다. "괴물이 나타났다, 괴물을 죽여라"라는 이야기를 반복하는 '보통'의 질서는 끝내 무시무시한 파국을 맞이할 수밖에 없기 때문이다.

'보통'의 질서는 종종 '알지 못하는 것'을 활용해서, 자신이 '아는' 질서의 윤곽을 확실하게 만들 때가 있다. 그 때문에 '알지 못하는 것'을 날조하는 경우도 있다. 하지만 이 괴물의 시대에는 질서가 여유롭게 '알지 못하는 것'을 이용하기에는 질서 내부에서 '알지 못하는 것'이 지나치게 많이 출현한다.

집단 안에서 '인간'이나 '사회'를 둘러싸고 적극적인 이념이나 가치가 해체됐을 때 '내셔널리즘'이 등장한다는 설이 있다. 그렇다고 한다면 현재 급속하게 고양되고 있는 니뽄내셔널리즘^{Nippon Nationalism}은 국가 규모로 괴물의 시대가 급속하게 침투하고 있는 상황을 말해 주고 있는 것이라 하겠다.

붕괴되어 가는 학교에는 '큰 소리로 야단치는 선생님'이 필요하다. 불투명함이 두드러지는 가정에서는 '아버지'의 복권이 절실하다. 또한 단일민족 이미지가 통용되지 않는 국가에서는 『전쟁론戰爭論』과 같은 '공적'인 것이 찬양된다. 또한 무력을 제대로 갖춘 '보통국가'를 열망한다. 이것은 물론 괴물의 시대로 강행해 가는 반동이라 해도 좋다. 각각의 '장場'을 통째로 뒤덮는 '내셔널리즘'의 변종인 것이다.

그러므로 과거 비평계의 괴물, 하나다 기요테루가 훌륭하게 말했듯 괴물에게는 미래가 있다. 커다란 변용을 배경으로 한 괴물의 시대에 희망은 괴물의 모습으로 나타나기 때문이다.

자! 이제 '괴물'과 함께 걸어가 보자.

모두의 앞에서 어린아이를 꾸짖는 선생님이나 가정 안에서 질서의 중심에 있는 고압적인 아버지나, 정작 때가 되면 국가를 지키기 위한 전쟁을 불사하는 일본인'강한 인간'은 어째서 모두 '남자'여야 하는 것인가?! 으로부터 멀리 멀리 떨어져 있자. 그때 우리는 그 옆을 '괴물'들이 걷고 있는 것을 발견하거나, 혹은 우리 자신이…….

고질라는 거대한 괴물이었다

1995년 무렵부터 '괴물의 시대'는 확실히 시작됐다.

이 '괴물의 시대'는 전후戰後[4]인 1990년에 벌어진 '세계 규모의 요괴, 괴물', 즉 사회주의 체제의 붕괴에 큰 영향을 받았음이 확실하다. 커다란 괴물이 붕괴되면서 지금까지 눈에 띄지 않았던 작은 괴물들(예를 들면, 민족, 마이너리티 등)이 밖으로 튀어나왔다고 해도 좋다. 포스트 냉전시대는 또한 '괴물의 시대'로 우리 앞에 나타났다.

이렇게 '괴물의 시대'는 확실히 시작됐다. 하지만 얄궂게도 일본의 전후사戰後史 및 현대사 가운데서 가장 잘 알려진 괴물의 문화적 표상인 고질라가 1995년을 끝으로 한 시리즈를 끝내고 퇴장했었다. 시리즈의 종료는 '괴물의 시대'가 현재화顯在化한 것과 우연히

---

4   [역자 주] 일본이 1945년 8월 15일에 패전한 이후를 말한다.

겹쳐진 것일까? 혹은 고질라는 '괴물의 시대'와 양립할 수 없는 괴물이었을까?

이러한 '괴물의 시대'가 한층 농후해진 시대에, 미국에서 그리고 일본에서 고질라가 다시 등장했다. 각각의 '고질라'가 뜻하는 의미는 다르지만 '공룡 스타일의 대괴수'인 '고질라라는 존재'는 변하지 않았다.

이는 '괴물의 시대' 또한 고질라의 시대가 안고 있던 문제를 여전히 해결하지 못 하고 있음을 말하는 것은 아닐까. 변함없는 문제에 우리가 손을 대지 못하고 있었던 결과, 그것이 새로운 모습으로 나타난 것인지도 모른다.

고질라는 현재의 어떠한 괴물과 비교해도 거대하며 가시적이다. 이는 고질라가 잉태된 시대가 현재보다 훨씬 거대한 변용의 시대였음을 말해 주는 것이기도 하다. '보통'의 사회 질서가 형성되는 시기에 나타난 고질라와, 그 질서가 해체되기 시작한 시대에 출현한 '괴물의 시대'는 명확히 대비된다.

저 사람들은 어딘가 대단히 이상한 사람들이었어요. 처음부터, 보통이 아닌 분위기가 감돌고 있었어요. 온전하지 않은⋯⋯.

고질라 또한 그러한 존재였다.
그렇기에 사람들에게 사랑받는 존재이기도 했다.
그러면,

그러면 고질라는 도대체 누구인가?

도움닫기로 고질라를 향해서 이제 도약해 보자.

제1장

고질라는 누구인가

"괴물이 나타났다. 괴물을 죽여라"라는 괴물 이야기의 정형을 의심해, "괴물이 나타났다. 인간이 변해라" 하고 생각하는 당신은, 아마도 '인간'이 아니다. 지금 존재하는 '인간'을 혐오하는 무엇인가……. "내가 나라는 것"에 거북함을 느끼는 사람과, "나는 타자이다"거나 "나는 몬스터다"라고 느끼는 사람을 위해서.

1. 고질라는 없다

도대체 고질라는 누구인가.

이러한 물음에 우리는 익숙하지 않다.

고질라는 고질라로, 고질라 이외의 다른 것이 아니다. 아마 그럴지도 모른다.

고질라는 우리가 지금 "고질라는 누구인가"를 묻기 훨씬 전부터 존재해 왔다. 그처럼 명확한 존재를 전제로 해서 우리는 처음으로 "고질라는 누구인가"라고 물을 수 있다. 고질라는 고질라이며 고질라 이외의 그 무엇도 아니다.

게다가 고질라는 '인간'을 넘어선 괴수이기 때문에 절대적인 공포를 안겨주는 괴수로서 존재 의의가 있다. 그러한 존재를 '누구인가'라는 물음으로 '인간'화 하는 것이야말로 완전히 무의미한 시도가 아니냐는 비난도 가능하다.

고질라는 고질라다. 당신이 당신이며, 내가 나인 것처럼. 여기에는 아무런 수수께끼도 없다. 지극히 자명한 일이 아닌가.

하지만 1954년 이전에 고질라는 이 세상에 존재하지 않았다.

1954년 초겨울, 거대하고 그로테스크하며 묘하게 구슬퍼 보이는 모습으로 스크린에 등장한 고질라의 역사는 길다고 볼 수 있을 것인가. 아니면 짧다고 볼 것인지는 사람에 따라 평가가 갈린다. 명확히 말할 수 있는 것은 1954년 이전에는 누구 하나 고질라가 무엇인지 아는 사람이 없었고, 고질라가 존재하지도 않았다는 사실이다.

이는 현재 고질라라는 존재의 명확함이 고층 빌딩이나 경기장이 존재_{실재}한다는 명징함을 넘어, 우레나 먹구름과 같은 자연현상이 존재한다는 확실함과 거의 같은 수준으로 우리를 충분히 놀라게 할 수 있음을 말한다.

1954년 이전에 고질라는 확실히 없었다.

터무니없이 거대한 모습도,

귀를 막고 싶어지는 포효도,

기묘한 몸짓도,

파괴로 이어지는 파괴도,

어둠도,

열 광선도,

파르께하게 빛나는 등지느러미도,

이윽고 녹아내리는 비애에 찬 신체도,

그 무엇 하나 없었다.

2. 우주괴수 가메라, 부스카, 고질라 마쓰이가 없는 세계

아니다. 없었던 것은 그것만이 아니다.

고질라를 둘러싼 모든 감정, 요컨대 기대와 놀라움도, 환희와 눈물, 조바심도, 초조함도, 공포도, 쾌감도, 쓸쓸함과 고통스러움, 그리고 회한도, 45년 전에는 그 무엇 하나 존재하지 않았다.

또한 '괴수'라는 것과 '괴수'라는 말조차 45년 전에는 현재와 같은 의미로 쓰이지 않았다.

따라서 모스라, 라돈, 안기라스, 킹기도라, 헤도라, 비오란테 등의 고질라 영화에서 친밀한 괴수만이 아니라,

어린아이들의 편에서 피투성이가 돼 싸움을 벌인 거북이 괴수 가메라도,

혹은 셀 수 없을 정도로 많은 사랑스러운 울트라 괴수들, 요컨대 고질라와 꼭 닮은 통칭 '목도리 괴수' 지라스도, 투명괴수 네론가도, 자력磁力 괴수 앤트라, 해골괴수 레드킹도, 유익괴수有翼怪獸 찬드라도, 지저괴수 마그라도, 독가스괴수 케무라, 미라괴수 도돈고, 기름괴수 페스타, 우라늄괴수 가보라, 물총괴수 가마쿠지라, 이차원괴수 가바돈, 적색화염괴수 바닐라, 심해괴수 구비라, 냉동괴수 기가스, 고대괴수 고모라, 황금괴수 골든, 전설괴수 우, 작렬괴수 잔보라, 우호진수友好珍獸 피그몬.

물론 괴수가 아닌 '쾌수快獸'로 태어난 부스카도 차메곤도,
모두 없었다.

혹은 거대 괴수와의 '차이'를 두드러지게 하려고 만든 등신대의 잔혹할 정도로 일그러진 신체를 지닌 요괴, 반인반수, 괴인怪人, 〈가면라이더〉 시리즈도 없었다.

말할 것도 없이 이러한 괴수들을 둘러싼 우리 한 명 한 명의 헤아릴 수 없을 정도의 감정도 사고도 없었다.

정말로 모두 없었다.

모두 정말로 없었다.

이러한 '괴수'들은 모두 고질라 이후의 괴수이며, 고질라가 없었다면 아마도 존재하지 않았을 괴수들이다.

또한, 예를 들어 교실의 개구쟁이 고질라도, 골목에서 잔소리를 하는 고질라도 없었다.

총무부의 거구 고질라도,

또한 야구계의 고질라 마쓰이도(꽤나 닮아 있다),

미국 원자력잠수함을 반대하기 위해 만들어진 요코스카横須賀 시민 고질라 부대도,

고탄다五反田의 아주 매운 고질라 라멘도, 또한 다른 것들도, 당연한 일이지만 고질라가 없었다면 존재하지 않았을 것들이다.

정말로 만약 고질라가 존재하지 않았다고 한다면…….

3. 고질라의 현대사

다만 나는 만약 고질라가 없었다면 우리에게 지난 시간이 얼마나 무미건조하고 시시한 시대였는지 모른다고 새삼스레 말하고 싶지는 않다.

고질라는 1954년에 등장했던 더없이 역사적이고 현대적인 ‘괴수’라는 점을 생각해 보면 지극히 당연한 사실을 확인하고 싶을 뿐이다.

그와 동시에 고질라는 영화를 엔터테인먼트의 중심 미디어로 여겼던 당시의 대중문화 안에서 만들어진 괴수다. 영화관이라는 비일상적인 거대한 어둠 속에서, 사람들이 일 년에 몇 번이고 찾아가, 그곳에서 울고 웃고 잠을 잤던 시대가 만든 괴수였다.

또한 대중문화를 소비할 수 있기까지 전쟁 후의 혼란에서 빠져나온 사회가 만든 괴수였다.

전쟁 기억으로부터 여전히 해방되지 않은 상태에서, 전쟁 후에 발생한 미증유의 혼란을 발판 삼아 질서를 재구축 하는 방향으로 전환되기 시작한 사회가 만들어낸 괴수였다.

사람들이 질서를 ‘방위’한다는 의식을 이미 지니고, 새로운 군국 조직으로서의 ‘방위청’, ‘자위대’의 존재마저 용인하기 시작했던 사회가 불러들인 괴수였다.

다시 말하자면 그 시대를 살아간 모든 사람들이 어떠한 형태로든 관계하며 만들어낸 것이 고질라라는 전대미문의 전무후무한 괴수였다.

그 시대를 살아간 사람 가운데 고질라의 탄생과 전혀 관련이 없었던 사람을 상상하는 것은 공상과학에 나오는 괴수를 공상하는 것보다도 훨씬 허무맹랑하다.

여기서 최초의 물음을 반복하겠다.

도대체 고질라는 누구인가.

단적으로 말한다.

고질라는 1954년 당시를 살아간 모든 사람들이었다.

조금 더 정확히 말하자면 그 시대를 살아간 한 사람 한 사람의 일부는 고질라가 아니었지만 일부는 고질라였다.

이는 동시대의 문화현상과 무관할 수 있는 사람은 아무도 없다고 하는 소모적인 의미에서만 그치지 않는다. 동시대의 문화현상에 영향을 받거나, 문화현상의 주체가 되거나, 혹은 무의식 가운데 문화현상 그 자체에 깊이 관여하는 등, 우리는 어떠한 형태로든 대중문화와 관련을 맺을 수밖에 없다.

또한 '공상적인 존재'는 때에 따라서 현실적인 존재보다도 우리의 마음에 강력하게 작용하는 경우가 있는데, 고질라는 그 정도에서 그치지 않았다.

등장하자마자 모두의 눈에 그 시대 대중문화를 대표하는 '드문 일'이자 '사건'으로 비춰진 것은 사람들과 고질라 사이의 관계가 얼마나 적극적인지를 말해준다.

4. 시간과 공간에 미증유의 '일그러짐'이 발생했다

하지만 고질라는 그저 그 시대의 사람들인 것만은 아니었다. 그 시대 이후, 현재에 이르는 사람들 모두이기도 하다.

이는 1954년, 전쟁 후라는 시대의 특별한 성격과 깊이 연관돼 있다.

그 시대는 말할 것도 없이 전쟁 후 벌어진 미증유의 혼란이 일단 수습되는 것과 함께 '근대화'를 향한 직선적인 상승 코스를 사회가 의식하고, 그에 따라 움직인 시대였다.

직접적으로 한국전쟁 특수가 일본경제 부흥의 계기가 된 것은 잘 알려져 있다. 광공업 생산을 중심으로 한 산업의 '이륙take off' 시기이자, 국민 소득수준 및 소비수준이 비약적으로 높아진 시기이기도 하다. 1955년에 장기 경제계획 책정을 목표로 탄생한 경제기획청이 다음 해 처음으로 『경제백서』를 내면서 "더 이상 '전후'가 아니다"라고 쓴 문장은 유행어가 됐다.

처음에는 '고도경제성장기'로 불렸고, 후에는 '고도성장기'라고 칭해진, 사회 전체 더 나아가 자연, 풍토를 포함한 생활환경 전체의 대변혁진보=파괴기의 시작점이 바로 이 시대였다.

보수 VS 혁신실제로는 보수 독재이라는 정치 질서의 탄생을 '1955년 체제'라고 부르는 것은 주지의 사실이다. 하지만 이는 정치 질서를 넘어 그 시대를 이전과 명확히 구별하는 용어로서 널리 퍼졌다.

'고도성장기를 생각하는 모임高度成長期を考える会'에서 편집한 『고도성장과 일본인高度成長と日本人』은 고도성장기를 현대사회의 생성기로 파악해서 이를 포괄적으로 파악하려고 했던 귀중한 시도였다. 그 서문은 이렇다.

일본 사회는 이 시기를 경계로 해서 일상생활 대부분이 전면적으로 바뀌었다. 보기에 따라서는 고래의 야요이시대弥生時代[1]로부터 산업자본주의를 중심으로 하는 근대에 이르기까지 끊어지지 않고 유지됐던 다양한 생활양식의 영역조차, 우리는 큰 망설임 없이 단기간에 놓아버리고 경제성장을 선도해 전개되는 새로운 산업과 기술의 성장에 몸을 푹 내맡긴 것처럼 살아가고 있다. 고도성장기는 바로 풍족함을 바라며 개인, 가족, 사회의 모든 일들이 대변모를 이룬 시대였다. (…중략…) 고도경제성장기의 결과는 우리가 그저 물질적인 면에서 오래도록 일본이 가꿔왔던 전통적인 생활양식과 실로 이질적인 세계에 놓이게 됐음을 의미하는 것만은 아니다. 새로운 변용은 의식의 모든 측면, 마음과 몸의 문제까지 포함해서 삶의 총체에 영향을 미치고 있다. (…중략…) 일본인에게 고도성장이란 도대체 무엇이었을까.

이것은 고도경제성장이 시작된 시기로부터 계산해보면 거의 30년 후, 고도성장 사회의 전모가 거의 보였던 시점의 지적이다.

여기에는 "대부분이 전면적으로 바뀌"고 "대변모" 혹은 "이질적

---

1   [역자 주] 기원전 5세기 무렵부터 기원후 3세기 무렵까지의 약 8백 년간을 말한다.

인 세계에 놓이"게 된 사회의 단절이 나타나있다. 동시에 그러한 사회적인 단절은 그 이전 "고래의 야요이시대로부터……" 이어져 온 정체된 시간의 단절과 관련된 '단시일'이라는 빠른 속도의 시간이 보이는 차이로도 제시돼 있다.

고질라가 탄생한 것은 시간과 공간에 역사상 유례가 없었던 커다란 '뒤틀림'이 발생하기 시작한 시대였다.

미증유의 '뒤틀림'으로부터 과거에는 존재하지 않았던 거대한 괴수가 튀어나왔다고 해야 할 것인가.

5. 우리는 고도성장 시대에서 왔다

현재 우리가 눈으로 보고 귀로 듣고 입 밖에 내고 혹은 느끼는 거의 모든 것이 바로 이 시대에 시작됐다고 해도 결코 과장은 아니다.

고도성장기가 불러온 것은 지금까지의 역사와 그 이후 역사의 철저한 단절이었다.

거리도 마을도 논밭도 공장도 산도 언덕도 강도 크게 변했고, 그에 따라 사람들의 신체도 표정도 감각도 사상도 인간관계도 크게 바뀔 수밖에 없었다.

고도경제성장이 불러온 대변용이 도대체 무엇이었으며 앞으로 어떤 영향을 미칠지 사실 우리는 아직 잘 모른다. 완전한 무지가 아니라 거의 모른다고 해야 할 것이다.

확실히 많은 연구서와 역사서가 나왔지만 모두 단편적인 수준에 그치고 있다고 해도 과언은 아니다. 통상적으로 말하듯 이러한 대변혁을 '근대화'라는 용어 하나로 정리할 수는 없다. 만약 '근대화'라는 말을 쓴다면 이해하기 쉽고 투명한 '근대화'가 아니라 미지에 머무는 불투명한 '근대화'라고 해야 한다.

우리는 불과 얼마 전까지도 고도성장 한복판에서 태어난 이들을 '신인류'라는 식으로 호칭해서 고도성장기의 불투명함과 다시 직면해야만 했다. 두말할 필요도 없이 고도경제성장기를 살아간 사람들은 예외 없이 그 이전의 '인류'와 비교하면 어느 정도는 '신인류'일 수밖에 없다.

고도성장이라는 큰 변화로 만들어진 것의 전체상은 여전히 불투명하지만 이것만은 확실하다. "우리는 그 시대에서 왔다"는 사실 말이다.

물론 우리는 메이지유신에서 왔다고도, 관동대지진에서 왔다고도, 일본의 황금시대인 1920년대 혹은 파멸의 1930년대에서, 전쟁에서, 패전에서 왔다고도 할 수 있다. 물론 각기 다 획기적인 사건이며 설령 그 시대를 직접 살지 않았다 해도 후세대의 사람들에게 이는 '획기적'인 사건으로 아로새겨져 있다.

따라서 우리는 혼미했던 1970년대에서, 포스트모던한 1980년대에서 왔다고도, 포스트냉전과 민족분쟁, 내전과 인터넷문화가 지배하던 1990년대에서 왔다고도 할 수 있다.

특히 "그것이 무엇인지 모르"는 다양한 괴물들이 넘쳐났던

1990년대 중반부터 현재에 이르는 시대는 급속한 변화의 시대로 우리는 실로 지금 여기에서 시작되고 있다고 해도 좋다.

혹은 거꾸로 역사의 아득한 저편에 있는 어둠에서 왔다고도 할 수 있으며, 과장하자면 인류의 조상이 출현한 400만 년 전에 왔다고도 할 수 있다.

하지만 그럼에도 우리는 고도성장 시대에서 왔다고 말하지 않을 수 없다.

고도성장 시대는 우리에게 그 어떤 '새로운 시대'보다 중요하다. 다시 말하자면 고도성장기는 지금까지 우리와 가까운 과거 중에서 가장 큰 변화가 이뤄진 시대였다.

미리 말해두자면 여기서 '우리'라는 용어는 특정한 세대와 특정한 집단을 구성하는 사람을 지칭하는 것만은 아니다. 오히려 이 사회에서 살아가는 모든 사람을 포함하는 말이다. 그러므로 고도성장 전에 태어난 사람도, 1990년대에 태어난 사람도 '우리'이다.

한 명 한 명이 '우리'인 정도는 다르며, 또한 '우리'라는 답답한 통합에 반발하고 싶은 마음이 한 명 한 명에게 있을지언정-특히 '학교'나 '국가'라는 커다란 시스템이 요구하는 '우리'라는 의식은 혐오스럽다 하더라도, 우리 안에서 고도성장 시대와 관련된 '우리'로부터 벗어날 수 있는 사람은 없다.

우리는 고도성장 시대에서 왔다.

반복해서 말하겠다. 우리는 고도성장 시대에서 온 '인간'이다.

6. '고질라'적인 인간으로서

여기에 첫 물음을 겹쳐보자.

도대체 고질라는 무엇인가.

고질라는 1954년 당시의 사람들이었다.

또한 고질라는 1954년 당시를 살아간 우리인 동시에 그 시대에 시작됐던 고도성장으로 구별되는 시대에 속하는 우리 자신이라고 말할 수 있다.

물론 1954년 만은 아니다.

고질라는 1954년에 등장한 이후 1995년 22번째 작품에 이르기까지 계속해서 우리와 함께 했다. 이윽고 1998년에는 미국에서 만들어진 거대 고질라가 찾아왔고, 1999년에는 새로운 고질라 시리즈가 시작되면서 지금의 우리와 함께 하고 있다.

1954년의 고질라와, 1964년의 고질라와, 1995년의 고질라와, 1999년의 고질라, 그리고 현재의 고질라가 각각 미묘하게 다르다고 해도 고질라는 1954년 이후 계속해서 우리와 함께 했다.

고질라는 고질라 없이는 불가능했던 영화의 여러 장면들, 실로 다양한 감정과 고질라 주위로 파문처럼 퍼져나간 무수한 고질라 현상, 괴수, 괴수붐 등과 함께 지금까지도 우리와 함께 하고 있다. 그렇다기보다는 다양한 현상을 넘쳐나게 하면서 꺼리지 않고 계속해서 즐겼거나, 무시하면서 배척까지는 하지 않았던 우리 자신이었던 셈이다.

적어도 우리는 모두 조금은 '고질라'적인 인간으로 살아가고 있다고 해도 좋다.

고질라를 전혀 모르는 사람도 고질라와 관계없이 살아가는 것은 불가능하다.

이것이 바로 고질라와 우리의 관계이다.

7. 각자의 생각에 자리 잡다

그러므로 고질라는 1992년에 〈고질라 VS 모스라〉로 처음 고질라를 알게 됐고, 3년 후 〈고질라 VS 디스트로이어〉에서 붉게 녹아내리는 고질라를 보고 눈물을 흘렸지만, 지금은 귀여운 포켓몬스터 팬, 사실은 이미 예전에 고질라에 질려버렸음을 친구에게 말해야 할지를 망설이는 초등학교 4학년인 당신이다.

고질라는 고질라의 이름을 손자에게 들었을 때 마음 어딘가에서 무엇인가 어렴풋이 움직인 듯한 느낌이 들었던 구 일본제국 육군 상병이었던 당신이다.

고질라는 목도리 괴수 지라스가 사실은 고질라에 노란색 목도리를 둘렀을 뿐인 임기응변의 괴수라는 사실을 어째서인지 알고 있는 울트라맨 프리크광팬로 퇴근길에 매일 완구점에 들르는 신입 샐러리맨인 당신이다.

고질라는 1960년대 말, 안보투쟁 당시 데모대 맨 앞줄에 서서

100미터 앞에서 대기하는 새까만 기동대를 바라볼 때, 퍼뜩 자신이 고독한 고질라가 된 것 같다고 느꼈던 사실을 지금 갑자기 떠올려 버린 당신이다.

고질라는 고질라를 봐도, 고질라라는 이름을 들어도, 방금 전 길가에서 스친 노인에게 그랬던 것과 마찬가지로 전혀 무관심한 당신이다.

고질라는 고질라 따위는 어린아이를 속이는 괴수라고 폄하하며 상관하고 싶어 하지 않는 경영학 교과서 암기에 여념이 없는, 외국계기업에 취업하기를 희망하는 당신이다.

고질라는 남자친구 핸드폰에 붙어 있는 추레한 고질라 스티커를 발견하고 슬슬 헤어져야겠다고 마음먹고 있는 고교생인 당신이다.

고질라는 비디오테이프를 빌려 고질라를 보고 있는 차남의 심각한 아토피성 피부염이 초등학생이 되기 전에 나아야 할 텐데 하면서 식탁에 맥없이 주저 앉아버린 당신이다.

또한 고질라는 인터넷에서 무수히 많은 ‘고질라’ 웹사이트를 표류하면서 고질라라면 무엇이든지 알고 싶다, 파헤치고 싶다면서 누구도 말릴 수 없는 마음을 최근 조금 기분 나쁘게 생각하기 시작한 『완전자살 매뉴얼』을 졸업한 지 7개월째인 당신이다.

더 나아가 고질라는 최근 내가 믿는 것보다는 조금 더 고질라적이 아닌가 하는 장면과 종종 조우해서 곤혹스러워할 정도로 긴 세월 동안 고질라와 함께 걸어온 나이다. 가끔 대학 교수가 돼버린 자신에게 가능한 일은 그저 강의실을 "비실용적이고 의미가 불명확한 하잘 것 없는 폭력"으로 채우는 것뿐이라며 골똘하게 생각하는, 역시 '고질라·괴수'로부터 자유롭지 못한 꽤나 자멸적인 나 자신이다.

요컨대 고질라는 우리이자 무수한 당신이며 나이다.

8. 불투명성이 커지는 시대에

고질라의 정체는 확실해졌다.

정확히 말하자면 명확해진 것처럼 보인다.

그렇다, 이것은 탐구의 시작이지 결코 끝은 아니다.

고질라는 당신이며 나이다. 그건 알겠다. 이미 고질라가 고질라라는 고립적인 관점은 무너져 사라졌다.

그러면 당신은 누구인가. 나는 누구인가. 거듭 말하자면 고질라인 당신은, 고질라인 나는, 도대체 어떤 사람인가를 물을 필요가 있다.

그 물음에 당신이라면 어떻게 답할 것인가.

나는 그 물음에 즉시 대답할 수 있는 말을 찾지 못 했다.

"나는 나이다"라는 부자연스럽고 옹색한 견해에, 불만과 혐오를 느꼈던 적은 있지만 결코 만족감과 안심감을 느꼈던 적은 없으나, 최근 나는 점차 '내'가 어떤 사람인지 알 수 없어졌다. 이는 고도성

장기의 불투명성 위에 한층 혼탁함을 더해가는 현재라는 시대와
도 관련된 것임이 틀림없다.

특히 최근 들어 전후적인 모든 가치의 파탄이 거의 최종적으로
명확해진 1995년 이후, 시대의 불투명성이 급속하게 커지고 있다.
이 시대에 부유하는 언어, 감정, 이념, 가치가 불투명하기 때문만은
아니다. 포스트냉전 시기 이후 우리는 총체적인 보수화가 진행된
정치에 불투명함의 해소를 기대할 수 없고, 오히려 해소되리라는
기대가 방기되는 것 외에는 기대할 수 없다.

하지만 그렇기에 나는 내가 무엇인지를 알고 싶다.

나는 내가 무엇인지를 아는 것에서 안정감과 자족감을 손에 넣
고 싶은 것이 아니라, 내가 지금의 나를 초월해가기 위해서, 내가
지금의 나를 정정하고 변경해 가기 위해서야말로, 내가 지금 무엇
인지를 알고 싶다고 희구하고 있다.

아마도 그것은 모임으로 향해가는 지하철 안이나 바쁘게 일하
는 사이에 『고질라가 오는 밤에』 등의 모임 분위기를 북돋울 수도
일에 도움이 되지도 않는 정체를 알 수 없는 책을 펼치고 있는 당
신도 마찬가지가 아닐까.

9. 괴물과 함께 도약한다

고질라를 어떠한 형태로 자신의 안에 숨 쉬게 하는 자는, 결코 "나는 나이다"라는 식으로 만족할 수 없다. 적어도 나는 나와 고질라로 분열돼 있다. 그리고 나는 고질라라는 내 안의 이물스러운 것을 통해서 우리가 만들고 또한 고칠 수 있는 시대와 사회를 향해 열려있다.

내 안에서 고질라 이외의 무엇인가가 "나는 나이다"라는 보수적인 고립에 만족하라고 명령한다. 내 안에서 고질라와 그 압도적인 거대한 적이 조용히 격렬하게 싸우는 것을 나는 느끼고 있다.

그건 예를 들면 비평가 하나다 기요테루가 지적한 '괴물'의 투쟁과 전혀 상관없는 이야기는 아닐 것이다. 『하나다 기요테루 전집』 제8권에 수록된 에세이 「과학소설」의 한 구절이다.

괴물은 미래가 — 적어도 프랑켄슈타인보다도 미래가 있다. 어쩌면 그것이 괴물로 보이는 것은 그 탓일지도 모른다. 나는 폴 발레리가 『테스트 씨』에서 괴물의 특성으로 존속할 수 없는 점을 들고 있는 것은 매우 큰 잘못이라 생각한다. 이는 그가 지나치게 일상적 것에만 집착해서, 그런 것에만 존속 가능성이 보장돼 있다고 확신하고 있어서다. 그런데도 미래는, 만약 그것이 진실로 미래라는 이름에 부합되는 미래라고 한다면 그런 종류의 일상적인 것으로부터 비약한 곳에서 처음으로 성립되는 것이다.

실로 매력적인 괴물론이다. 비평계의 괴물 하나다 기요테루의 자화상으로도 읽을 수 있음이 분명한 인식이다. 반복되는 일상적 세계를 영원한 것으로 만들려는 힘, 요컨대 '보통'을 지지하는 힘과, 반복되는 세계에 이질적인 형태의 모습으로 나타나 '미래'를 향해서 역사의 통로를 열어젖히려는 힘. 여기에는 사회라는 무대에서 펼쳐지는 투쟁이 괴물론 스타일로 제시돼 있다고 해도 좋다.

내 안에서 벌어지는 고질라의 투쟁도 별다른 것이 아니다.

고질라인 당신과 나는 도대체 어떤 존재인가. 고질라인 당신을, 나를 멸망시키려는 적은 누구인가.

그건 너무나도 크고 복잡한 상태라서 그것이 무엇인지를 정확히 집어내기는 실로 어렵다. 하지만 접근할 수 있는 수단은 있다.

요컨대 당신과 내 고질라를 가능한 한 많은 장면에서 느껴보는 것이다.

고질라와 함께 지금까지 그저 무작정 걷던 길을 시간을 충분히 들여서 다시 더듬어 가보는 것.

고질라와 함께 파괴한 도시를 다시 살펴보는 것.

고질라와 함께 파도를 일으키며 나아간 남쪽 바다의 광대함과 따뜻함을 느껴보는 것.

고질라와 함께 어째서인지 회피했던 장소를 떠올려 보는 것.

고질라와 함께 싸웠던 적이 무엇이었으며, 고질라와 함께 싸운 것이 어떤 괴수였는지를 아는 것.

고질라는 무엇인가를 향해서 포효하고 무엇을 보지 못했던가.

고질라를 더듬어 찾아가려는 시도는 그 자체로 당신과 내 내면을 걸으며, 지금까지 잘 알지 못 했던 당신과 내가 만나고, 지금까지의 당신과 나를 부수는 스릴 넘치는 시도가 될 것임이 틀림없다.

지금부터 고질라와 함께 했던 장면 몇 가지를 스케치해 보겠다.

10. 그것은 파괴로부터 시작됐다

고질라는 파괴하는 괴수이다.

이것이야말로 고질라를 찾아가는 출발점이어야만 한다.

실로 고질라는 파괴하고, 파괴하고, 또한 파괴를 계속하는 괴수이다.

도시를 파괴하고, 열차를 파괴하고, 방위대·자위대를 파괴하고, 기업을 파괴하고, 고속도로를 파괴하고, 성을 파괴하고,

무수한 '이소노 집안磯野家'[2]을 파괴하고,

사람들의 평화를 향한 염원을 파괴하고, 파괴를 향한 분노를 파괴하고,

매스미디어를 파괴하고, 우주인의 침략계획을 파괴하고, 파괴를 적대시하는 괴수를 파괴하고, 사람들의 희망을 파괴하고, 사람들의 절망을 파괴하고,

또한 더 이상의 파괴는 이제 어림없다는 낙관주의를 계속해서

2　[역자 주] 애니메이션 〈사자에상〉의 가족.

파괴해왔다.

또한 우격다짐 식의 철저한 파괴로 고질라는 대중문화 사상 가장 거대한 '사건' 중 하나가 됐다.

파괴하지 않는 고질라는, 고질라가 아니다.

고질라가 파괴하지 않자, 많은 이들이 고질라로부터 멀어진 지점에, 파괴 괴수로서의 고질라가 존재한다고 말할 수 있다. 거꾸로 말하자면 어린아이인 미니라와 놀고 있는 '교육에 열심인 파파' 고질라에게서도 사람들은 기억 속의 파괴 괴수인 고질라를 보고 있었던 셈이다.

파괴 괴수로서의 고질라가 고질라의 '본질'을 만들고, 파괴하지 않는 고질라를 파괴하고, 파괴하는 고질라를 복귀시킨다.

일단 중단돼 있던 고질라 시리즈를 1984년에 다시 등장시킨 것, 또한 1998년에 미국에서 고질라가 출현한 것, 또한 1999년에 「신·신 시리즈」가 시작된 것은 모두 파괴하는 공포의 고질라를 향한 사람들의 바람과 염원에 다름 아니다.

하지만 사람들 즉 우리는 어째서 '파괴'하는 공포의 괴수 따위를 그렇게 열광적으로 맞이하는 것일까.

파괴 괴수를 무서워하는 사람들도 있다. 또한 파괴 괴수에게 박수를 보내는 사람도, 파괴 괴수 그 자체가 된 사람도 있다. 그 때 고질라는 도대체 무엇을 파괴하고 있던 것일까. 그 파괴는 과연 시대적이었을까 아니면 반시대적이었을까.

11. 애완하는 것, 사랑하는 것과

그 정도로 파괴에 이은 파괴를 반복하면서, 그럼에도 혹은 그렇기에라고 해야 할까. 고질라는 사랑받는 괴수였다.

1955년 5월에 발매된 빅터레코드 싱글판은 A면이 "고질라 씨", B면이 '우리의 안기라스'였다. 실로 귀여운 타이틀이 아닌가.

춤추는 고질라 일러스트에는 "어차피 할 거라면 크게 해치워라! 지구를 내차고 하늘을 불태워라"라는 말이 겹쳐 있다.

1960년대 후반에 이르면 명확하게 '선한 고질라'적인 고질라 훨씬 이전, 이제 막 등장한 '공포 고질라'적인 고질라 시대에도 고질라는 이미 사랑받는 파괴하는 괴수였다.

'선'하지 않으면 사랑받지 못 한다는 사고방식은 사랑을 이야기할 때 가장 초보적인 오해 중 하나다.

이 오해를 그대로 영상에 담은 것이 '선한 고질라'였음은 더 말할 필요도 없다. 1964년 〈3대 괴수 지구 최대의 결전〉부터 1969년 〈고질라·미니라·카바라 올 괴수 대진격〉까지 6작품에 나타난 지구를 지키며 다른 괴수와 싸워서 항상 이기는 '선한 고질라'는 사랑받는 괴수에서 애완하는 괴수로 바뀌고 말았다.

요컨대 '선한 고질라'는 고질라를 애완 괴수로 만드는 작업이었다.

애완하는 것에는 조금의 위태로움도 포함돼 있지 않지만 사랑하는 것은 아슬아슬함 없이는 성립하지 않는 성가신 감정이다. 애완은 대상을 지배하는 것인데 비해 사랑은 대상의 지배가 끝내 불가능함을 통절하게 자각하는 지점에서 시작한다.

애완 고질라는 우리가 길들인 순종적인 고질라였지만 '공포의 고질라'는 우리의 예측을 훨씬 뛰어넘는 존재이며 우리가 품은 상상의 한계를 연이어 파괴해가는 괴수다.

'공포의 고질라'는 포착하기 힘든 점과, 위태로움으로 사랑받는 괴수였다.

그러한 "고질라 씨", "우리의 안기라스"는 왠지 정체를 알 수 없는 '공포의 고질라'를 '씨'나 '우리의'라는 말로 빨리 길들이려는 생각에서 만들어지지는 않았을 것이다. 오히려 '씨'나 "우리의"라는 해이해진 일상감각을 조금이라도 위태로움 쪽으로 옮겨 놓으려고 했던 사소하지만 절실한 비약을 드러낸 것은 아니었을까.

그런 표현에 고질라의 인도가 있었음은 또한 두말할 필요도 없다.

12. 길들여진 '아동'이 아닌 위태로운 '어린아이'

'선한 고질라'는 종종 고질라의 '아동 영화'화 혹은 '유치원 영화'화라는 이유로 비난 받기도 한다.

이러한 비난이 '아동'화라는 의미로 이뤄지고 있다면 그것은 오류이다.

어린아이는 결코 스스로 원해서 세계를 길들이지 않는다. 오히려 어린이는 길들이기 훨씬 앞선 지점에서 세계를 위태로움 그 자체로 사랑할 수 있는 특권적인 존재이다. 그러므로 정말로 사랑할 때 우리는 모두 '어린아이'로 돌아간다.

따라서 애완 고질라를 '아동 영화'화 혹은 '유치원 영화'라고 비난할 수 있다면, 그것은 어린아이를 길들일 수 있다는 착각을 품고 있는 사람들에 의해서 만들어진 고질라라는 전제에서만 가능하다. 다시 말하자면 어린아이를 애완용이라고 생각하는 사람에 의해서 애완 고질라가 탄생했다고 해도 좋다.

애완 고질라를 보고 즐거워하는 아이들은 아마도 사랑할 여지를 사전에 박탈당한 고질라마저도 위태로움을 듬뿍 포함한 사랑하는 고질라로서 좋아했던 것임이 틀림없다.

고질라는 애완 고질라라는 위기의 시대를 어린아이들의 생기 넘치는 개입으로 겨우 벗어날 수 있었다. 어린아이들의 적극적인 개입 없이는 고질라 영화가 아닌 괴수영화로 후퇴하는 것만이 아니라, 괴수들이 모두 괴수 섬에 이주해서 위태로움으로부터 멀어져서 영화가 돼 고질라 영화는 아마 소멸했을 것이다.

고질라는 사랑받는 괴수이다. 애완 고질라는 어린아이의 사랑을 강요했을 때도 계속 사랑받는 괴수였다.

우리가 조금 '고질라'적인 존재라고 한다면 우리는 우리 자신의 내면에 파악할 수 없고 위태롭지만, 매혹시키는 무엇인가를 품고 있음을 말한다.

도대체 그것은 무엇인가.

13. 고질라는 '공포' 스타일의 현대 괴수이다

고질라는 뛰어나게 현대적인 괴수이다.

철두철미하게 현대의 괴수였으며 현대 괴수로서 계속 전진하고 있다.

또한 뛰어난 현대적인 괴수이기에 고질라는 우리의 안에서 반세기도 넘게 살아 왔다.

그 정도로 계속 살아남았다면 현대의 괴수라고 하기보다 고질라라는 괴수가 '현대'를 만들었다고 좋은 것은 아닐까. '현대'의 모든 것은 아니라고 해도 그 중에서 조금은 고질라와 관련을 맺으며 만들어졌다. 그렇다면 '현대'의 모든 것은 얼마간 고질라와 관련돼 있다.

그런데 고질라와 현대의 결속이야말로 우리에게는 아마도 가장 납득하기 힘든 원한이 남는 난문으로 계속 남아 있음도 분명하다.

이는 고질라가 태고의 '공룡' 스타일 몬스터이며 괴수이기 때문이다.

현대와 태고의 교차.

이 '태고'와 관련해 영화 〈고질라〉에서는 '200만 년 전'('주라기 200만 년 전 설'이라는 말도 안 되는 오류로 알려져 있다)으로 〈고질라 VS 메카 고질라〉에서는 '6,500만 년 전'(통설에 따르면 이 시대는 백악기의 끝에 해당하며, 공룡이 절멸이 일어난 시대이다)이라는 식으로 명확하게 시대를 정의하기를 주저하고 있는 것처럼 보인다. 하지만 아무리

적게 어림잡아도 현대의 인간과는 직접 관련이 없는 아득히 먼 과거의 시공간임은 분명하다.

도대체 무엇이 이 무한하다고 해야 할 거리를 일거에 축소해서 고질라를 현대에 갑자기 출현시킨 것일까.

최근 몇 년 동안 이어지고 있는 '공룡' 붐이 어떤 의미인지를 탐구해 보면 이 난문 또한 쉽게 풀리지 않을까? 공룡들의 거대함과 귀여움, 궁극의 펫pet, 잃어버린 세계를 향한 상상의 통로, 절멸한 생물이 인류에게 발신하는 경고 등 다양한 의미가 공룡붐을 둘러싸고 해석되고 있다.

흥미로운 견해가 제시돼 '공룡' 붐을 고찰해 보고 싶어지기도 한다. 하지만 과연 그것이 고질라가 '공룡' 스타일을 고수하는 수수께끼를 탐구하는 것과 겹쳐지냐고 하면 아무래도 그렇다고는 말할 수 없을 듯하다.

왜냐하면 우리에게 '공룡'은 공룡이기 이전에 '공룡' 스타일의 고질라이며 현재의 '공룡' 붐도 반세기 넘는 고질라의 인기가 없다면 아마도 없었던가, 혹은 전혀 다른 형태였을 것이기 때문이다.

다시 말하자면 고질라에서 '공룡' 붐의 의미를 읽어낼 수는 있어도, '공룡' 붐에서 고질라가 '공룡' 스타일인 의미가 무엇인지를 읽어내기는 어렵다.

공룡들에게 무엇인가를 느끼는 우리는 이미 고질라를 매개로 '공룡' 스타일이 무엇인지를 알았다. 그리고 그 '무엇인가'를 극히 자연스럽게 수용했다.

그렇다면 '자연'스러움 혹은 자명함을 의심해 봐야 하지 않을까.

거기에는 틀림없이 독특한 무언가가 부상할 것이 틀림없다. 그것이 우리에게 현대가 무엇인지를 깊게 파고들어 관련짓는 일임은 새삼 지적할 것까지도 없으리라.

14. 고질라는 계속 변모해간다

고질라는 변모하는 괴수이다.

근대가 그 이전 사회와 비교해서 대담한 '변화와 변모'의 우위성을 들이밀어서 승리한 이후, 우리는 좋든 싫든 가공할 변화와 변모하는 사회 안에서 살아가고 있다.

이는 고질라도 예외는 아니다. 아니지! 반세기가 넘도록 거대한 체구를 노골적으로 노출하며 계속 현대를 살고 있는 고질라가 아닌가. 고질라야말로 변화와 변모를 보여주는 가장 가시적인 현상의 하나라고도 볼 수 있다.

그 변화와 변모를 명확히 나타내는 것은 고질라가 직접 대결하는 적이 작품마다 달라진다는 사실이다.

말할 필요도 없이 싸움의 의미는 싸울 상대에 따라 규정된다.

파괴하고 싸우는 것이 하나의 존재 이유인 고질라에게 싸움의 의미가 변화하는 것은 그 자체로 고질라 자신이 존재하는 이유의 변화와 이어질 수밖에 없다.

　여기서 1999년 이전에 발표된 23편^{미국판을 넣으면 24편}에서 고질라
의 적과 그 적이 어디에서 오는지를 정리해 본다.

　〈고질라〉 인간, 일본인 외에는 특별히 없음.

　〈고질라의 역습〉 이와토섬岩戸島 부근에서 출현한 안기라스.

　〈킹콩 대 고질라〉 남쪽 바다 파로섬에서 출현한 킹콩.

　〈모스라 대 고질라〉 인판트섬에서 출현한 모스라.

　〈3대 괴수 지구 최대의 결전〉 아소산 분화구에서 출현한 라돈, 인판
트섬에서 출현한 모스라, 우주에서 출현한 킹기도라.

　〈괴수대전쟁〉 X성인에게 조종된 킹기도라. 바닷속에서 출현한 라돈.

　〈고질라·에비라·모스라 남쪽 바다 대결투〉 남쪽 바다 렛치섬 부근
바다 속에서 출현한 에비라, 인판트섬에서 출현한 모스라.

　〈괴수섬의 결전 고질라의 아들〉 소겔섬에서 출현한 카마키라스, 쿠
몽가. 고질라의 아들 미니라의 등장.

　〈괴수총진격〉 키라아크성인톨人에게 조종되는 킹기도라. 괴수랜드
에 라돈, 모스라, 고로자우루스, 안기라스, 바란, 만다, 바라곤, 쿠몽가,
미니라가 모여 있다.

　〈고질라·미니라·카바라 올괴수 대진격〉 괴수섬의 가바라 등.

　〈고질라 대 헤도라〉 우주에서 운석에 붙어서 날아옴. 헤도로 바다에
서 성장한 헤도라.

　〈지구공격명령 고질라 대 가이간〉 M우주헌터성운에서 온 침략자
에게 조종된 가이간, 킹기도라.

〈고질라 대 메가로〉 해저왕국 시토피아 해저인에게 조종된 메가로, M 우주헌터성운에서 불러모은 가이간, 일본인이 만든 로봇인 제트 쟈가.

〈고질라 대 메카고질라〉 블랙홀 제3혹성인에게 조종된 메카고질라, 오키나와 전설에 나오는 수호신인 킹 시사.

〈메카고질라의 역습〉 블랙홀 제3혹성인에게 조종된 메카고질라, 오가사와라 바닷속에서 온 치타노자우루스.

〈고질라〉 인간, 일본인 외에 특별히 없음.

〈고질라 VS 비올란테〉 바이오테크놀로지에 의해 만들어진 비올란테.

〈고질라 VS 킹기도라〉 23세기의 인간이 현대로 워프해서 나타나 라고스섬에 버려진 도랏토와 합체한 킹기도라, 그것을 재생시킨 메카 킹기도라. 고질라의 원형 고질라자우루스 등장.

〈고질라 VS 모스라〉 지구 선주민족 코스모스의 수호신 모스라, 인류가 환경을 파괴하는 것에 분노해 만들어낸 배틀모스라^{바토라}.

〈고질라 VS 메카고질라〉 인간이 만들어낸 최강 병기로서의 메카고질라.

〈고질라 VS 스페이스 고질라〉 우주로 보내진 고질라 세포가 초에너지를 받고서 태어난 스페이스 고질라.

〈고질라 VS 디스트로이어〉 선先캄브리아대 미소생명체微小生命體가 이상한 형태로 진화한 디스트로이어.

〈갓질라GODZILLA〉 인간, 미국인 외에 특별히 없음.

〈고질라 2000 밀레니엄〉 일본 앞바다 해구에서 6,000년 동안 잠들어 있다가 깬 지구 외 생명체 에일리언.

15. 다수의 고질라, 하나의 고질라

이렇게 정리해 놓고 보니 1999년 이전에 발표된 고질라 영화 역사에 23종의 고질라가 있었다고 해도 좋을 정도로 눈부신 변화가 있었음을 알 수 있다.

사투를 벌인 지구 괴수가 사라지면 우주인에게 조종되는 괴수가 갑자기 고질라 앞을 막아선다.

머리가 세 개인 우주괴수에 대항해 고질라는 다른 지구 괴수와 연합해, 자신을 습격한 '방위대'의 흉내를 낸다.

그리고는 괴수섬에서 갑자기 나타난 미니라와 놀아주며 교육에 열심인 모습도 보였다.

얼마 후 미니라는 사라지고 이번에는 다시 우주인과 해저인이 나타나 독특한 형태의 괴수를 보낸다.

부활한 고질라에게 '핵의 공포', 바이오테크놀로지, 환경파괴, 생명의 절대 우위, 우주오염 등 현대에 잘 알려진 '문제'가 차례차례 날아든다.

밀레니엄 고질라에게 덤벼드는 것은 놀랍게도 에일리언이다. 전장 200미터에 이르는 거대 UFO는 미국판 고질라 감독인 롤랜드 에머리히의 〈인디펜던스 데이〉를 패러디한 것일까.

정말로 23종에 이르는 고질라다.

이 23종의 고질라는 어떻게든 분류할 수 있다.

그것이 실로 즐거운 지적인 작업임은 의심할 여지가 없다. 그 엄숙

하고 까뭇까뭇한 고질라를 몇 개의 고질라로 분류하는 작업이니까.

다만 23종의 고질라도 하나의 고질라라는 사실을 잊어서는 안 된다.

적이 바뀌고,

환경이 바뀌고, 파괴하는 도시의 경관이 바뀌고,

사람들의 표정이나 복장이 바뀌고,

고질라의 스타일이 바뀌고, 크기가 바뀌고(50미터 2만 톤에서 120미터 6만 톤으로, 다시 55미터 2만 톤으로),

감독이 바뀌고, 음악이 바뀌고, 등장인물의 직업이 바뀌고,

연애의 형태가 바뀌고, 배우가 바뀌고…… 모든 것이 23편의 작품에서 바뀐 것을 알게 되면 새삼 '하나의 고질라'에 놀란다.

모두 바뀌었는데 고질라만은 바뀌지 않았다.

아니 고질라도 계속 변화했지만 고질라는 바뀌지 않았다고 해야 할지도 모르겠다.

이는 그대로 고질라를 만들어내고 고질라를 응시하며 고질라와 함께 했던 우리가 여전히 스스로를 '인간'으로 부르는데 익숙한 감각과 이어진다. 혹은 시대가 다양하게 변화해 왔음에도 불구하고 우리가 여전히 불투명한 '근대'의 지평에서 자유롭지 못 한 고도성장기 이후의 존재라는 사실과 겹쳐지는 것이리라.

아마도 이런 것 같다.

모든 것이 바뀌었는데도 아무 것도 바뀌지 않는다.

고질라도 우리도 막다른 골목에 부딪쳤고, 그곳에서 나가고자 계속 시도하고 있다.

16. 메카고질라는 최후의 고질라

고질라는 1999년 이전까지 시리즈가 두 번 끝났다. 도호의 분류에 따르면 '고질라 시리즈'와 '신고질라 시리즈'가 그것이다.

첫 번째 끝은 1975년 〈메카고질라의 역습〉에서다. 그리고 두 번째 끝은 1995년 〈고질라 VS 디스트로이어〉. 첫 번째 끝은 그걸로 괜찮았지만, 두 번째 끝은 문제가 있다.

사실 신고질라 시리즈의 끝으로 제작된 것이 〈고질라 VS 디스트로이어〉에 앞서 제작된 1993년 작 〈고질라 VS 메카고질라〉였기 때문이다.

실제로 〈고질라 VS 메카고질라〉에는 '끝'을 나타내는 말과 장면이 포함돼 있다. 포스터에도 "이 싸움으로 모든 것이 끝난다"라는 문구가 인쇄돼 있다.

예를 들어 영화가 끝나갈 때쯤 라돈에 생명이 불어넣어져 되살아난 고질라를 보며 메카고질라의 조종석에 있는 대장이 "(체념을 표하는 엷은 웃음) 이제 뭘 해도 안 돼. 놈을 막을 수 없어"(대사는 결정본에서)라는 실로 직접적인 인간 측의 패배선언이 나온 것을 보면, 이 작품이 틀림없이 인간 대 고질라의 싸움을 그린 〈고질라〉1984에서 시작된 신고질라 시리즈의 끝을 알리는 작품임은 틀림없다.

이러한 '끝'의 의미에서 보자면 이어지는 〈고질라 VS 스페이스고질라〉는 '메카고질라의 변종'이라고 봐야 할 이야기이며, 〈고질라 VS 디스트로이어〉는 고질라를 둘러싼 영화적 기억의 총집합이지만 '끝'을 경계 짓는 모티프는 없다.

하지만 〈고질라 VS 메카고질라〉가 시리즈의 끝인 이유는 패배 선언 등에 있는 것은 아니다. 거기에서 고질라라는 존재의 의미와 관련된 중대한 문제를 간파할 수 있다.

두 가지 '끝'을 의미하는 작품 타이틀을 다시 한 번 살펴보자.

〈메카고질라의 역습〉와 〈고질라 VS 메카고질라〉.

그렇다 두 작품 다 '메카고질라'이다.

도대체 메카고질라는 무엇인가? 두말 할 필요도 없이 고질라의 모습을 한 로봇메카을 말한다.

메카고질라가 처음 등장한 영화는 1974년 작 〈고질라 VS 메카고질라〉로 다음해 발표된 〈메카고질라의 역습〉은 전작의 메카고질라를 복원한 것이다.

다나카 도모유키田中友幸 감독의 『도호특촬영화전사東宝特撮映画全史』도호주식회사, 가와기타 고이치川北紘一 감독의 『도호특촬 초병기화보東宝特撮 超兵器画報』대일본회화 등에서 제작자의 생각을 정리하자면 초대 메카고질라는 블랙홀 제3혹성인의 대 지구침략용 비밀병기로써 지구에 생식하는 최강의 생물 고질라를 모델로 해서 만들어진 거대 로봇이다. 온몸을 우주 금속 스페이스 티타늄으로 두르고 머리에 위치한 컨트롤 장치로 조종할 수 있다. 손가락 끝의 핑거미사일, 눈에서 나가는 스페이스빔, 가슴에서 발사되는 크로스어택빔 등의 무기를 전신에 장비했고, 또한 머리를 고속으로 회전해서 방어막을 주위에 둘러칠 수 있는 등, 과거 등장한 적이 없는 강력한

'괴수'다. 게다가 메카고질라는 하늘을 날 수도 있다.

2대 째 메카고질라는 끝이 없이 출현하는 고질라의 피해를 막고자 일본정부가 유엔G대책센터를 일본 쓰쿠바에 설립하여 세계 각지로부터 과학자를 모아 대 고질라용 전투 머신 개발에 착수하면서 등장한다. 그곳에서 만들어진 사상 최강 최고의 대 고질라용 전투머신이 신메카고질라로 불리게 된 것이다. 동력으로 레이저 핵융합로를 쓰고, 연료는 위성궤도상에서 생성된 중수소, 헬륨3펠릿이며. 외부장갑판은 초내열합금NT1, 인공다이아몬드 코팅이라 고질라의 열선을 반사할 뿐만이 아니라 증폭시켜 되돌려줄 수도 있다. 물론 메카고질라도 초고속으로 하늘을 날아다닌다.

그건 그렇다 치고 도대체 어째서 메카고질라가 두 번이나 시리즈 끝에 등장한 것일까.

어째서 고질라의 끝에 메카고질라를 불러들이는 것인가라고 바꿔 말해도 좋다.

17. 그 어떤 것도 고질라를 쓰러뜨릴 수 없다

수수께끼는 메카고질라가 무엇인지를 생각해본다면 풀 수 있다.

메카고질라는 "지구에 생식하는 최강의 생물 고질라를 모델"로 해서 만들어진 로봇이다. 신메카고질라에서는 이제 그런 설명도 없으며 "사상최강의 대 고질라용 전투 머신"으로서는 그저 고질라

모델이 하나 있을 뿐이라는 것만이 자명한 전제로 드러나 있다.

우선 고질라를 쓰러뜨리고 죽음에 이르게 할 수 있는 적은 아무 것도 없음을 알아차릴 수 있을 것이다.

지금까지 고질라와 싸워서 이긴 괴수는 모스라 외에는 없었다. 고질라는 어째서인지 '평화' 괴수인 모스라를 이길 수 없다. 이는 모스라에게 약하다기보다 질서정연한 '평화'라는 관념에 약한 고질라 영화의 이념이 드러난 것이라고 보는 편이 좋다.

물론 제작 '이념'이 작품 전체를 결정하는 일은 있을 수 없다.

작품은 종종 작가의 '의도'를 배신해서 스스로를 고양시켜 나간다. 그런 배신이야말로 작가의 소유로부터 스스로를 해방하고 시대 안에서 살아 숨 쉬는 작품이 될 수 있는 조건이다.

작가도 또한 그러한 창조적인 배신을 승인하고 기쁨으로 맞이하는 자기부정의 적극적인 긍정을 할 수 있어야 뛰어난 창작자로 성장할 수 있다.

고질라는 확실히 모스라에 약하고 '평화'에 약하지만 모스라에게 살해되는 일도 없으며 '평화'에 말살되지도 않는다. 고질라는 모스라에게 패배하지만 살아남아 다음 작품에서는 더욱 가공할 파괴 능력을 보여줬다.

미국판 킹콩〈킹콩〉, 1933과도 호각의 싸움을 벌여서 고전하지만 패배하지는 않았다.

'미국'과 실체가 명확하지 않은 관념으로서의 '평화'에 약하다는 것은 아무리 생각해도 전후적인 요소를 고질라가 품고 있음을 의미한다. 물론 이는 고질라의 모든 것이 아니라 고질라를 고질라답게 만드는 일부에 지나지 않는다.

고질라를 쓰러뜨리지만 멸하지 못 하는 것은 괴수만이 아니다. 인간의 '뛰어난 지혜'도 방위대와 자위대도, 유엔의 힘도, 고질라를 쓰러뜨리기는커녕 고질라 앞에서는 잠시도 버텨내지 못 한다.

그런 의미에서 고질라는 현재 어느덧 그 어떤 것도 쓰러뜨릴 수 없는 '불멸'의 괴수라 하겠다.

18. 역사로서의 '불멸'

다만 고질라의 '불멸'은 이유 없는 '불멸'이 아니다.

이유 없는 '불멸', 요컨대 존재하는 그 이유만으로 스스로를 불멸이라는 높이까지 끌어올리는 '불멸'의 존재를 우리는 현대사에서도 여전히 계속 끌어안고 있다.

설명할 필요도 없이 저 '불멸'의 상징이다.

이 '불멸'의 감각이 사회를 넓게 잠식하고 있기 때문일 것이라 생각되는 무섭고 공허하며 권위적인 "……은 영원히 불멸이다" 따위의 말과 함께 뜻밖에도 얼굴을 내민다. 그러고 보니 '영원한 불멸'을 확신하는 남자에 속하는 집단은 일본 프로야구계에서 오직 하나의 '군軍'을 칭하며 지고 있음에도 마치 이기고 있는 듯한 어투의 '전속' 아나운서가 '돌격 대장'이라느니 'B급 전범'이라고 절규

한다. 물론 요미우리 자이언츠다.

하지만 고질라의 '불멸'은 그러한 의미에서의 불멸이 아니다. 어느덧 반세기도 전에 나타나서 존재 의미를 묻고 있는 '불멸'이다.

고질라는 이를테면 역사로서의 '불멸'이다. 존재 이유가 사라지면 사멸할 것이 분명한 존재다.

그 존재 이유의 하나인 '핵'병기 및 원자력발전에 대해서 종종 '원수폭原水爆 괴수'원수폭은 원자력 폭탄과 수소폭탄을 합친 말임라는 등 고질라를 시대에 뒤처진 듯한 시시한 성격을 부여하는 견해도 있다. 하지만 그것은 '핵'과 관련해서 지독하게도 시대에 뒤떨어진 목가적인 지식에 근거한 시시한 의견에 지나지 않는다. '핵'과 관련해서도 '고질라'는 존재 이유를 점차 확고하게 만들며 '불멸'의 존재로 자리매김 했다. 또한 그 밖의 무수한 존재 이유와 관련해서도 사태는 아마도 비슷한 것 같다.

그러므로 고질라의 '불멸'은 불행으로서의 '불멸'이라 해도 좋다. 이 불행이 사멸할 때 고질라의 '불멸'도 사멸되리라 본다.

고질라도, 우리도 그것을 바라고 있다. 하지만 언제 가능한 것일까?

19. 고질라와 조우해 버린 고질라, 그 불행에 관해서

고질라가 지금까지 무엇인가에게 제압되지 않은 이유는 따지고 보면 있다.

결국 고질라를 쓰러뜨릴 수 있는 적이 누구인지는 고질라 자신에게 물어봐야만 한다. 우리가 우리의 문제를 다른 대상에 전가해서는 해결의 실마리조차 찾을 수 없기에 우리 자신에게 되묻듯이 말이다.

메카고질라가 고질라를 쓰러뜨리기 위해서는 이 세상에서 최강인 고질라를 흉내 내야만 한다. 다시 말하자면 고질라를 반복할 수밖에 없는 지점에서 착상된, 지금까지 등장한 것 중에서 가장 근거가 있는 '괴수'라 해도 좋을 것이다.

고질라라는 존재의 비밀은 고질라 자신에게 있다.

초대 메카고질라를 만든 이유는 확실했다. 고질라를 흉내 내면 어쩌면 이길 수 있을지도 모른다는 것이 그 이유다. 하지만 2대 메카고질라는 그런 존재 이유가 없다. 익룡형 로봇 '가루다' 개발에 실패한 이후, 갑자기 고질라 스타일의 '최고 최강 병기'가 탄생했다는 사실이 그저 알려졌을 뿐이다. 고질라에게 대항할 수 있는 상대는 오직 고질라 뿐이라는 사실은 이제 자명하다.

메카고질라가 본 고질라는 그처럼 최강의 괴수다.

하지만 고질라로부터 메카고질라를 보면 어떨까.

고질라와 꼭 닮은 '괴수'에 다름 아니다.

고질라는 앞쪽에 자신과 닮은 적을 보고 있다. 고질라가 내뿜는 방사능 화염은 초대 메카고질라의 경우 디펜스 네오배리어에, 2대 메카고질라는 인공다이아몬드 미러코팅에 튕겨나가서 고질라 자신에게 돌아와 상처를 입힌다. 2대 메카고질라는 증폭 집속장치를 써서 보다 강력한 열선을 되돌려 준다.

20. 싸움을 끝내는 싸움은

고질라는 자신의 힘을, 강함을, 존재 그 자체를, 그리고 두말할 것 없이 자신의 의미를, 확인하고 반추할 때만 메카고질라와 마주한다.

그러므로 메카고질라는 고질라에게 '맞거울' 안의 고질라이며, 열선이 두 고질라 사이를 빙글빙글 돌듯 고질라는 고질라 자신을 끝없이 계속 관찰하고 있다고 할 수 있다.

고질라는 고질라 자신을 끝없이 되묻고 있다. 도대체 고질라가 사멸하기 위해서는 어떻게 해야 하냐고 계속 묻고 있기라도 하듯이.

돌이켜보면 고질라는 실로 다양한 문제를 안고 있는 괴수들이나, 인간과 결국 싸우지 않는 인간, 요컨대 인간의 변화를 요구하지 않는 인간과, 고질라 자신이 오랜 시간 동안 때로는 따분한 나머지 '괴수랜드'에서 괴수들과 장난을 쳐야만 할 정도로 긴 시간 동안 계속 싸워왔다.

하지만 싸움은 거기에 없었다. 왜냐하면 고질라는 계속 살아가야 했기 때문이다.

투쟁은 차례차례 나타나는 적과의 싸움만은 아니다. 그러한 투쟁은 적을 쓰러뜨리면 반드시 그 배가 넘는 적을 만들어내기에 끝없는 투쟁이다.

투쟁은 문제의 근거로 향할 때만 진정한 싸움이다. 진정한 투쟁은 적은 물론이고 자신의 소멸을 지향한다. 투쟁을 할 수밖에 없는 관계 자체를 파괴할 때만 투쟁은 끝난다고 바꿔 말해도 좋다.

고질라가 메카고질라를 상대로 싸울 때 벌어지는 투쟁 또한 그러한 투쟁이다.

따라서 메카고질라와의 싸움은 고질라의 마지막 싸움이다. 〈고질라 대 메카고질라〉 〈메카고질라의 역습〉에서 고질라 시리즈가 끝나고, 〈고질라 VS 메카고질라〉에서 새 고질라 시리즈가 끝난 것은 실로 고질라답다고 해야 할 듯하다.

21. 사람들의 ‘어둠’, 고질라의 ‘어둠’

확실히 고질라 영화 45년 동안 개봉된 23편의 작품 속에는 또 하나의 ‘메카고질라’가 있었다. 게다가 가장 강력한 메카고질라가.

최초의 메카고질라는 〈고질라〉[1954]에 등장한 화학자 세리자와 다이스케[芹沢大助] 박사 자신이었다. 세리자와 박사는 전쟁에서 입은 얼굴의 상처를 칠흑의 안대로 뒤덮고, 그와 마찬가지로 그 자신의 현재를 어둑어둑하고 작은 연구소에 가두고 그저 연구에 몰두하는 '어둠'의 인물이다. 고질라를 '어둠'과 떼어낼 수 없는 것처럼 세리자와도 '어둠' 바깥에서는 살아갈 수 없는 것처럼 보인다.

하지만 세리자와를 무엇보다 고질라와 비슷하게 만든 것은 그가 발명한 옥시전 디스트로이어라는 원수폭을 훨씬 뛰어넘는 최종 병기이다. 고질라의 일면이 "원수폭 그 자체"인 공포의 괴수라고 한다면, 핵병기를 뛰어넘는 최종병기를 만든 세리자와 박사는 공포의 괴수 고질라를 초월하는 공포의 '괴수'에 다름 아니다. 그 병기가 '메카'라고 한다면 세리자와 박사는 확실히 '메카고질라'라 할 수 있다.

고질라는 〈고질라〉 마지막 장면에서 공포의 고질라, 공포의 최종병기를 끌어안은 세리자와 박사와 함께 둘 외에는 아무도 없는 해저로 가라앉는다. 그때 고질라가 스스로에 물은 것은 역시 자신의 존재 근거였음이 틀림없다.

고질라와 함께 해저의 '어둠'으로 가라앉아 가는 이 메카고질라의 모습은 무척 슬프다.

22. 뉴고질라의 부활

메카고질라와 대면하는 장면에서 고질라의 투쟁은 끝난 것이 아니다. 메카고질라와 마주한 고질라는 지금까지의 싸움을 일단 끝낸 고질라이며, 자신과 마주한 고질라라고 해도 계속해서 파괴하고 싸워왔던 고질라 자신의 근거 일체를 찾아내지 못했다면, 그 무수한 근거와의 투쟁을 완전히 끝낸 것은 아니다. 아니다, 유효한 투쟁은 아직 시작되지 않았다고 해야 할 듯하다.

고질라는 메카고질라를 매개로 고질라와 만나고, 자신을 되묻는 오랜 시간을 거친 후에 다시 투쟁을 시작했다.

〈고질라〉1954 · 〈고질라의 역습〉1955 이후 고질라는 7년을 들여서 〈킹콩 대 고질라〉1962에서 다시 싸움을 시작했다.

〈메카고질라의 역습〉1975 이후 고질라는 거의 10년이 지나 나온 〈고질라〉1984에서 싸움을 이어갔다.

마찬가지로 〈고질라 VS 메카고질라〉1993 이후 나온 두 작품에서 싸움을 끝냈던 고질라는 4년 후 다시 부활했다.

새로운 싸움과 함께 뉴고질라가 돌아왔다.

도대체 뉴고질라의 투쟁은 앞으로 어떠한 형태일까. 이를 명확히 하기 위해서라도 1999년 이전에 나왔던 23편의 작품을 검토할 필요가 있다.

지금까지의 파괴와 방황과 우회와 투쟁과 포효를 무위로 끝내지 않고 시작하는 고질라를 위해서 고질라와 함께 걸어가 보자.

그렇게 하면 그곳에서 다시 시작하는 고질라, 아니 고질라의 시
작인 1954년 고질라가 천천히 모습을 드러낼 것이다.

제2장

고질라의 양의성

도대체 무슨 일이 벌어진 것일까. "어디에도 없던 세계"가 현실적인 감각으로 다가오기 시작하며 거기에 과거의 기억이 겹쳐진다. 전쟁의 '피해자·가해자' 의식, 미국을 향한 굴절된 감정, 원수폭과 "과학기술이라는 우상", 질서의 회복 등을 주시하며 다수의 프랑켄슈타인 박사가 거대한 양의성을 지닌 괴수를 만들어버리고 말았다. 자, 걷기 시작해라 고질라여…….

1. 이렇게 영화 〈고질라〉는 탄생했다

고질라 최초의 작품인 〈고질라〉가 개봉된 시기는 1954년이다. 감독은 혼다 이시로.

첫 작품의 제작을 담당한 인물은 다수의 고질라 작품22번째 작품까지 제작에 관여한 다나카 도모유키였다. 원작 작가는 공상 속의 생물을 등장시킨 괴수 / 환상 스토리에 탁월한 탐정소설가인 가야마 시게루香山滋다. 특촬特撮, 특수촬영을 담당한 것은 쓰부라야 에이지였다. 고질라의 오리지널 이미지를 만들어낸 것은 바로 이 넷으로, 그들은 이른바 고질라를 만들어낸 '창시자'라 해도 과언이 아니다. 다시 말하자면 고질라는 그들이 연대하고 상상력을 결합해 탄생시킨 괴수이다.

그렇다면 이 공상 속 괴수는 어떻게 그들의 상상력의 세계로 소환될 수 있었을까? 고질라 연구의 중심을 이루는 다케우치 히로시竹内博의 중요한 작업 「'고질라'의 탄생」『쓰부라야 에이지 영상세계』 실업의일본사을 참고하며 고질라 영화가 탄생하기까지의 경위를 확인해 보기로 한다.

고질라라는 괴수 계획을 가장 먼저 세운 것은 프로듀서인 다나카였다.

그는 영화가 나오기 1년 전인 1953년, 인도네시아와 합작으로 블록버스터를 기획해서 정열적으로 제작에 힘을 기울였는데, 인도네시아 정부가 중간에 방해를 하는 바람에 제작을 중지할 수밖에 없는 상황에 처해 있었다.

환상 속으로 사라진 합작영화에 뒤지지 않는 블록버스터를 제작하리라고 심기일전해서 차기작을 구상하던 다나카는 당시 비키니환도에서 벌어진 미국의 원수폭실험이 사회문제로 떠오르고 있는 상황을 놓치지 않았다. 마침 미국에서도 원자폭탄 괴수를 주인공으로 한 영화가 화제였다. 그는 인도네시아 근처 바다를 상상해 태고의 공룡이 수소폭탄 실험의 영향으로 일본 근처 바다에 나타나 도쿄를 습격하는 이야기를 구상했다.

이 계획을 특촬 담당인 쓰부라야 에이지에게 말하자, 사실은 그도 비슷한 종류의 괴물영화를 구상하고 있었다.

그렇다고는 하지만 쓰부라야가 구상하던 괴물은 공룡이 아니라 거대 문어였다. 쓰부라야는 이 거대 문어가 인도양에 출현해서 포경선단을 차례차례 습격하는 이야기에 집착하고 있었다. 둘이 논의한 결과 다나카의 공룡 아이디어가 더 영향력이 있다고 합의를 보는 동시에, 주인공은 피폭된 공룡으로 정했다. 드디어 일본 최초의 괴수 영화는 제작 실행단계에 돌입한다.

2. 많은 프랑켄슈타인 박사가 있다

수소폭탄 실험으로 공룡이 태평양 어딘가에 잠들어 있다. 그것이 도
쿄를 습격한다. 그것이 풍자하는 것은 인간이 만들어 낸 수소폭탄이라
는 문명이 이기에 의해, 또한 인간이 만든 도쿄라는 대도시, 요컨대 인
간이 인간 때문에 복수를 당한다는 이념이다.다나카 도모유키

다나카의 해석에서 알 수 있듯이 〈고질라〉는 실로 심각하게 실
현이 곤란한 테마를 끌어안은 채 영화로 제작되었다고 해도 좋다.

따라서 고질라 영화를 부정할 때 "어린아이용 영화", "어린이 영
화"라는 말이 종종 쓰인다. 하지만 〈고질라〉는 극히 통속적이며 알
기 쉬운 테마를 더욱더 계몽적이며 통속적으로 만들어서 일방통
행 방식으로 어린아이에게 주입하려는 종류의 영화가 아니었다.

〈고질라〉에 '어린이'가 등장하지 않는 것만 보더라도 이는 명확
히 드러나 있다고 해도 좋다. 물론 '어린이'가 등장하지 않는다는
사실이 세계를 길들이는 길을 거부하고 위로부터의 계몽이나 일
방통행 식의 전개를 가볍게 분쇄해 버리는, 이른바 '방법으로서 어
린이'가 결락된 것이라고는 말할 수 없지만 말이다.

다나카는 그런 이야기의 기초 만들기를 오래전부터 자신이 좋
아했던 탐정소설가 가야마 시게루에게 의뢰했다. 동물을 등장시
킨 기담에 탁월한 가야마는 고질라 기획을 듣자마자 흔쾌히 받아
들인 후, 일주일 만에 〈고질라〉 원안을 써냈다. 그것은 다나카가 기

대한대로 훌륭한 이야기였다.

그 원안으로 가야마는 수소폭탄의 공포를 최대한도로 호소하려 했다. 이는 다음에 제시하는 검토용 대본의 프롤로그를 봐도 잘 알 수 있다.

(방송) 1952년 11월 ×일……. 이 날을 경계로 우리 지구는 과거 누구 한 명 상상하지 못했던 공포의 실험으로 두려움에 떨어야만 했다. 제1회 수소폭탄 실험, 그것은 파괴라고 하기보다는 오히려 말살이었다. (…중략…) 그것은 요행으로 실험의 범위에 그쳤을까. 아니, 단연코 아니다!

물론 이 프롤로그는 채택되지 않았다. 이후 스토리와 고질라 디자인 등이 정해지고 모든 준비 작업이 정리되자, 혼다 이시로 감독의 지휘 아래 본격적으로 촬영이 시작됐다.

최초의 로케 장소는 미에현 도바시鳥羽市 시마반도志摩半島 지역으로, 이곳에서 고질라가 처음으로 출현하는 '오도섬大戸島' 장면이 촬영됐다.

모든 작품이 고생스럽지만 솔직히 말하자면 〈고질라〉처럼 힘들었던 작품은 태어나서 처음이었습니다. 그건 배우의 연기 장면과 고질라의 특촬 장면을 어떻게 조화해야 할지와 관련된 것으로, 처음에는 한 걸음 한 걸음이 모두 암중모색과 같았습니다.혼다 이시로

혼다 이시로 감독의 술회처럼 촬영은 난항에 난항을 거듭했고 많은 시행착오를 거듭했다. 하지만 어쨌든 크랭크인으로부터 두 달 후에 일본 최초의 특촬 괴수영화인 〈고질라〉가 마침내 완성됐다.

이상이 〈고질라〉 탄생의 대략적인 스토리인데, 영화에 관여했던 이들 모두의 고질라를 향한 뜨거운 마음가짐과 정열을 엿볼 수 있다.

실로 그들은 공상 속에서만 존재하던 괴물에게 생명을 불어넣는데 온힘을 기울였다고 해도 좋다. 그 제작현장에서 가공할 몬스터를 만들어낸 프랑켄슈타인 박사는 단 한 명이 아니었다. 이들 중에는 남성만이 아니라 여성 또한 여러 명 있었다.

3. '특촬'의 자립

이렇게 많은 프랑켄슈타인 박사들을 그들답게 만든 것은 '어디에도 없는 것'을 '여기에 있도록' 만들 수 있는 기술로서의 '특촬'이었다. 당시 쓰부라야 에이지 곁에는 그의 특촬 기술과 사상을 실현하기에 충분한 우수한 스텝이 모여 있었다.

특촬팀에게도 〈고질라〉는 획기적인 영화였다. 이 영화는 다수의 프랑켄슈타인 박사들을 흥분시키기에 충분했다.

『도호 특촬영화 전사』에는 이렇게 쓰여 있다.

〈고질라〉 영화에서 특촬은 지금까지의 영화와는 달리 중요한 기능을 보여주었다. 〈고질라〉 이전에 특촬은 아무리 클라이맥스 장면을 맡더라도 어디까지나 보조 역할이었으며, 실사로 찍을 수 없는 장면을 특촬로 대체하는 정도의 이른바 대용품의 위치에 만족해야 했다. 하지만 〈고질라〉에서 요구한 것은 특촬이라는 영화의 마술로만 그릴 수 있는 가공된 현실의 창조다. 특촬은 이제 영화 본편의 보조나 실사의 대용이 아니라, 말 그대로 특촬영화라는 장르의 주역으로 올라섰다.

더 나아가 이렇게 이어진다.

〈고질라〉에서 재현해야 할 현실은 어디에도 없다. 고질라라는 누구도 본 적이 없는 괴수를 이미지와 상상력만을 의지해서 특촬팀이 만들어야만 했고, 장면 하나하나를 직접 연출해야 했다.

그렇다 해도 이러한 '특촬'의 실천을 지지한 것은 도대체 무엇이었을까. 그렇게 결실을 맺은 "어디에도 없는" 세계를, 1,000만에 가까운 사람들이 열광적으로 받아들인 이유는 무엇이었는가.

4. "어디에도 없는 것"의 현실감

아마도 그 이유는 1954년 즈음이 미증유의 대변혁이 시작되는 시기와 이어져 있기 때문임이 틀림없다.

지금까지의 "어디에도 없는" 현실이, 지금까지 본 적도 들어본 적도 없는 "어디에도 없는" 현실로 변화해 간다. 지금까지의 현실 감각이 "어디에도 없는" 방향으로 확실히 이행해 간다.

물론 고질라 영화의 장면이 갑자기 그대로 현실에 등장했다는 뜻은 물론 아니다. 현실 가운데 "어디에도 없는" 것이 출현하는, 그러한 현실의 방향이 고질라 영화의 "어디에도 없는" 세계를 가까운 미래의 현실로 실감하는 감성을 지닌 사람들 안에서 길러지고 있었다는 뜻이다.

또한 SF소설이 사람들의 주목을 끌기 시작한 시대이기도 했다. 호시 신이치星新一나 고마쓰 사쿄小松左京, 쓰쓰이 야스타카筒井康隆 등이 활발히 활동했다. 공간이 뒤틀리고 시간이 일그러지며, 이윽고 차례차례 발표된 그들의 소설에는 기묘한 현실이 훌륭하게 담겨 있다.

다만 오해해서는 안 되는 것은 그 시대를 실제로 살아간 사람들은 지금처럼 그 '시대'를 명확하게 파악할 수 없었다는 사실이다. 요컨대 시대가 변화하고 있다는 실감이 우선 있고, 그 실감을 충실히 반영한 영화나 소설 혹은 음악과 연극을 골라서 향유했다는 뜻이 아니다.

만약 그렇다면 영화나 소설과 음악은 현실의 다양한 영역에 대응한 그저 잘 쓰인 '대용품'에 지나지 않는다.

하지만 그렇지 않다. 그러한 '대용품'조차 되지 못 하는 작품도 있으며, 아니 대부분이 그러한 작품이라는 것은 확실하다. 하지만 모든 작품이 '대용품'을 넘어서지 못 한다는 뜻은 아니다.

본래 '대용품'이라는 관념 자체가 현실의 모습 혹은 '시대'의 모습을 정확히 파악하고 있음을 전제로 한다. 하지만 그러한 파악은 어디에서 오는 것일까. 그와 관련되는 것이 세계를 익숙한 감각이 아니라 낯선 감각으로 파악하는 '낯설게 하기異化'에 지탱되는 영화나 소설, 혹은 연극과 음악 등의 예술이다. 우리는 이처럼 뛰어난 작품을 접하면서 '시대'의 실감을 처음으로 얻을 수 있다.

특촬 스텝들이 축적된 특촬의 실천과 그 성과를 보며 '시대'의 실감을 조금씩 자신의 것으로 만들어갔음은 분명해 보인다. 그것이 〈고질라〉에서 전개됐다고 할 수 있다.

또한 약 1,000만 명의 관객들은 〈고질라〉를 매개로 처음으로 지금까지는 "어디에도 존재하지 않았던" 세계를 향해서 확실히, 게다가 빠른 속도로 현실이 움직이고 있음을 실감했다.

5. 1954년 고질라에 주목한다

따라서 고질라는 사람들의 상상력을 깊은 곳에서부터 마구 끄집어냈던 것이 아니다. 고질라가 이 세상에 나타나 화제가 된 이유에는 그 나름의 구체적인 계기가 있음이 틀림없다.

1954년 전후의 시대상황 하에서 우리의 상상력의 밑바닥에서부터 고질라를 소환할 수밖에 없는 강한 계기가 있었음이 분명하다. 도대체 그것은 무엇이었는가? "어디에도 없는" 세계, 혹은 고도성장기가 무엇이었는지를 구체적으로 살펴봐야 할 것 같다.

고질라가 세상에 등장했음을 강렬하게 알린 〈고질라〉[1954]와 〈고질라의 역습〉[1955] 두 작품을 그 시작부터 자세히 검토해서 고질라의 탄생과 관련된 몇 가지 테마를 세우고, 그것을 바탕으로 고질라라는 괴수와 시대의 현실이 어떻게 관련됐는지를 고찰하려 한다.

영화를 검토하기 전에 예비지식으로 고질라가 등장했던 1954년 당시의 주요한 사건 등을 연표로 정리해 본다. 이 간략한 연표를 보면 고질라가 탄생한 시대적 배경이나 상황, 시대의 '분위기' 등을 다소 파악할 수 있다.

1953년, 1954년 간략 연표

- 1953년

2월1일　　NHK 텔레비전 방송 시작

3월14일　야당 3파가 제출한 요시다 내각 불신임안이 가결됨에 따라서 중의원이 해산됨. 이른바 바보자식 해산. (1953년 2월 28일, 제15회 국회 중 열린 중의원 예산위원회에서 요시다 시게루吉田茂 총리와 사회당 우파의 니시무라 에이치西村栄一 의원 간의 질의응답 도중, 요시다가 니시무라에게 "바카야로바보자식"라고 발언한 것이 계기가 되어 중의원이 해산된 사건)

3월23일　일본적십자사 등 3단체에 의해서 중국에 있는 일본인들을 고국으로 데려오는 인양 업무가 개시됨.

7월16일　미스유니버스 세계대회에서 이토 기누코伊東絹子가 3위로 입상함. '팔등신 미인'이 유행어가 됨.

8월28일　닛폰TV가 민영방송 최초로 방송을 시작함.

9월15일　쇼치쿠영화 〈너의 이름은〉 개봉.

10월13일　정부에서 산업기반 강화를 위한 전력 5개년 계획을 발표함.

12월24일　아마미 군도 반환을 위한 미일협정이 조인됨.

(이 해의 유행어로는 커머셜, 쇼트스커트, 세뇨, 패션모델, 플러스알파, 가정의 사정, 바보가 아닌가 등)

－1954년

2월19일　일본 최초의 프로레슬링 국제시합이 개최됨. 역도산, 기무라 VS 샤프 형제.

3월1일　제5후쿠류마루가 비키니 환초 부근에서 미국의 수소폭

탄 실험에서 피폭을 당함.[3]

3월8일   자위대가 발족함. 확대 보강을 위한 미일 상호방위원조
          MSA가 협정 조인됨.

4월21일   이누카미 다케루犬養健 법무상이 사토 에이사쿠의 뇌물혐
          의와 관련해서 검찰총장에게 지휘권을 발동함.

5월9일   원수폭금지운동의 발단이 되는 원수폭금지 서명운동을
          위한 스기나미협의회杉並協議會가 결성됨.

6월2일   오미켄시近江絹糸 쟁의[4]가 시작됨. 여론은 노동조합의 요구
          를 지지.

6월8일   개정된 경찰법이 공포됨.

6월9일   방위청 설립법, 자위대법이 공포됨.

7월1일   자위대가 발족함.

8월8일   원수폭 금지 서명운동 전국협의회가 결성됨.

9월14일   쇼치쿠 영화 〈스물넷의 눈동자二十四の瞳〉가 개봉됨.

9월26일   아오모리와 홋카이도를 잇는 세이칸青函連 연락선 도야마루
          洞爺丸가 태풍 15호에 의해 좌초돼 전복되는 사건이 일어남.

11월3일   최초의 특촬 괴수영화 〈고질라〉가 개봉됨.

이 해의 유행어는 고질라, 죽음의 재, 수소폭탄 참치, 가이거카운터,

---

3   [역자 주] 미국은 비키니 환초에서 1946년부터 1958년까지 핵 실험을 했다.
     그러던 중 1954년 3월 1일 실험 당시 일본의 어선 제5후쿠류마루 선원들이
     피폭을 당하면서 반핵 운동의 도화선이 됐다.
4   [역자 주] 오미켄시 쟁의 : 105일 동안 일어난 오미켄시 방적공장에서 발생한
     대규모 노동 쟁의.

신서 판형, 전력 없는 군대, 미용체조, 엉망진창입니다만 등.

—『쇼와사사전』고단샤, 『전후사대사전』산쇼도 등을 참조

6. 데이터 ① 고질라는 화물선, 어선을 공격하는 버릇이 있다

한밤 태평양을 항해하는 난카이기선南海汽船 소속의 화물선 에이코마루栄光丸. 선원들이 휴식을 취하고 하모니카 소리가 한가로이 울리는 갑판 위에 갑자기 강렬한 백열의 빛이 빛나자마자 배는 순식간에 불길에 휩싸이고 침몰한다. 영화 〈고질라〉의 그 유명한 시작 장면이다.

영화는 그 후 에이코마루를 구조하러 간 선박이 차례차례 침몰하고 오도섬의 젊은 어부인 마사지政治가 살아남아 섬에 표착되며 전개된다. 섬에 표착된 세이지는 숨이 끊어질 듯 말 듯 하며 말한다. "당해버렸어……. 배까지 모두."

이 도입부를 봐도 알 수 있는 것처럼 고질라의 파괴 행위는 우선 배를 습격하는 장면에서 시작된다. 다만 이 시점에서 고질라는 아직 모습을 드러내지 않았기에 실로 정체를 알 수 없는 '무언가'이다. 이런 설정은 무척 흥미롭다.

물론 고질라가 바다에 사는 동물이며 바다를 건너 이동하는 것을 감안하면 가장 먼저 바다에 있는 배가 표적이 된다는 사실은 자연스러운 흐름이라 할 수 있다.

하지만 여기서 주목할 점은 고질라가 처음에 표적으로 삼은 대상이 화물 운반선, 어선 등 비교적 소형 선박으로, 호화객선이나 유조선 등의 대형 선박이 아니라는 사실이다.

생각해 보면 이는 실로 기묘하다. 고질라는 넓은 바닷속에 있으니 작은 선박보다 대형선박을 노리기 쉽고, 연출 효과면에서도 호화객선 등을 노리는 편이 화려하니 흥취를 더 돋울 수 있기 때문이다.

그럼에도 고질라는 일부러 화려한 선박을 피하고 수수한 배를 표적으로 삼는다. 특히 선박에 특별한 집착을 보인다.

고질라가 선박에 집착하는 모습은 두 번째 작품인 〈고질라의 역습〉에도 잘 드러나 있다. 이 영화에서 선박이 직접 습격당하는 장면은 없지만, 인간 측 주인공이 어업회사의 조종사이며, 이 회사의 선단이 고질라의 출현을 재촉하는 역할을 한다.

또한 1984년 작품 〈고질라〉이른바 '신고질라'에서는 시작부터 '제5하치만마루第五八幡丸'라는 어선이 습격을 받고 승무원 대부분이 미라처럼 변해 죽는다. 이 경우에도 실제로 습격한 것은 고질라가 아니라, 고질라에 기생해서 방사능에 노출돼 거대하게 변한 갯강구기생수 숏키라스, 몸길이 1미터 체중 45킬로그램인데, 이것도 넓게 해석하면 고질라 일파의 습격이라고 볼 수 있다.

그렇게 보자면 마치 고질라는 어선 (혹은 화물운반선)을 습격해야만 하는 무언가 특별한 이유를 품고 있는 것처럼 보인다.

7. 공포로서의 전조, 패닉영화의 문법

고질라 영화는 전형적인 패닉영화이다. 말할 필요도 없이 패닉영화에서 패닉이 일어나는 '전조'는 이야기 시작 부분에 반복돼 그려진다. 이것은 패닉영화의 문법이라고 해도 좋다.

처음에는 어렴풋이, 조용히, 점차로 격렬하고 적나라하게 드러나는 패닉의 전조는 보는 이의 마음속에 '불안'과 '공포'(라는 형태의 '기대'라고 해도 될 것이다)를 확실히 만들어 낸다.

패닉영화의 시작은 따라서 그 시대와 사회의 '불안'과 '공포'가 이어지는 전시장이라고 해도 좋을 것이다.

다만 패닉영화에도 잘 만든 것과 그렇지 않은 것이 있듯이 공포로서의 전조에도 성공한 것이 있으면, 실패한 것도 있다. 대체적으로 전조를 제시하는데 성공하면 영화 전체의 만듦새도 좋다. 그 정도로 공포를 전제로 제시하는 방법은 패닉영화에서 중요한 요소이다.

그렇다면 전조의 제시는 어떤 때 성공할까?

이는 제시된 전조가 지금까지 우리가 완전히 익숙해져 있는 감각을 그렇지 않은, 위험한 감각으로 새롭게 추려냈을 때이다. 그 시대와 사회에서 노골적으로 노출돼 있는 것이나, 그로부터 일어날 수 있는 완전히 미지의 것들에 대해서 우리는 다소 공포를 느낀다 하더라도, 근저에서 우리를 위협하는 불안과 공포를 느끼지는 않는다.

전적으로 안심하지는 않지만 완전히 익숙해서 거의 의식하지 않고 있는 무언가가 돌연 우리 눈앞에 위험한 모습으로 나타날 때, 우리는 지금까지 그 위에 느긋하게 누워 있었던 것만큼 필요 이상으로 근저부터 동요해 공포를 느낀다.

8. '바다'를 향한 공포에 뒤흔들리다

1945년 당시 '바다'는 사람들에게 익숙한 무대였지만 완전히 안심할 수는 없는 거대한 존재였다고 해도 좋다.

바다는 중요한 교통로이며 또한 중요한 식량 포획의 어장이었다. "더 이상 전후가 아니다"라는 말이 『경제백서』에 실린 것은 1956년이지만, 어선 보유량이 전쟁 전과 비슷하게 회복된 시기는 이미 1947년이었다. 전쟁으로 인한 어선 상실이 20톤 이상으로만 48퍼센트나 됐다고 하니 그 회복 속도에 놀라지 않을 수 없다. 어업생산량 또한 급격하게 회복돼 1951년에는 전쟁 전 수준을 넘을 정도로 늘어 있었다.『전후사대사전』 '어업' 부분 참조

1954년 당시는 1952년 샌프란시스코 대일강화조약 발효에 따라서 맥아더라인이 철폐된 후, 원양어업 재개로 들끓던 시대였다. 작은 어선도 연안에서 난바다 쪽이나 근해로 좋은 어장을 찾아서 일제히 항구를 떠났고, 그에 따라서 어선 사고가 다발했던 시대이기도 했다.

요컨대 '바다'는 이 시대 사람들의 생활과 직결돼 있었고 생활의 확충에 따라 부쩍부쩍 확장되는 영역으로 존재하고 있었다. 하지만 일단 사고가 일어나면 최악의 사태에 이를 가능성이 현저히 높은 장소라는 의식도 함께 있었다. 사람들의 생활과 관계된 어선이나 화물운반선 사고가 났다는 뉴스는 사람들에게 '바다'와 얼마나 깊게 이어져 있는지를 새삼 의식하게 했다.

마침 그러한 시기에 1954년이라는 해를 무엇보다 강렬하게 뒤흔든, 아니 전후 가장 중대한 사건 중 하나인 제5후쿠류마루 사건이 일어났다.

9. 제5후쿠류마루 사건의 영향

1954년 3월 1일 시즈오카현 야이즈시焼津市 참치어선 '제5후쿠류마루'약 99톤는 마셜군도 비키니 환초 부근에서 조업 중에 미국의 수소폭탄 실험으로 피폭되는 재해를 입었다. 실험에 사용된 것은 '브라보샷the Bravo Shot'이라는 수소폭탄으로 히로시마에 투하된 폭탄의 약 1,000배인 15메가톤의 위력이었다. 죽음의 재를 뒤집어쓴 선원들은 두통, 구역질, 화상 등의 증상을 호소했고, 9월에는 무선 연락장인 구보야마 아이키치久保山愛吉 씨가 사망해 첫 번째 희생자로 기록됐다. 이것이 이른바 제5후쿠류마루사건에 관한 개략적인 설명이다.

영화 〈고질라〉는 바로 이러한 비극을 하나의 중요한 모티프로 삼아 탄생했다. 작품을 관통하는 '반핵'이라는 테마도 이 사건에서 비롯됐다. 아마도 제5후쿠류마루사건이 없었다면 고질라가 우리 앞에 출현할 일도 없었을 터이다.

〈고질라〉가 이러한 사회적 사건을 배경으로 탄생한 이상, 작품에서 제일 먼저 고질라의 공격을 받는 대상은 역시 아무리 생각해도 제5후쿠류마루(를 연상시키는 것)여야만 한다.

이 영화의 창작자들이 얼마나 제5후쿠류마루를 의식했는지는 가야마 시게루가 쓴 검토용 대본의 도입부 장면을 봐도 잘 알 수 있다.

○ 제5후쿠류마루, 야이즈항 입항.

○ 피폭 당한 참치어선을 폐기함.

○ 병원으로 실려 오는 중증 환자.

○ 생선가게에서 "저희 가게에서는 피폭된 참치는 팔지 않습니다" 라는 문구를 붙임.

○ 메이데이에서 "수소폭탄은 사양한다"라는 플래카드

○ 제철인데도 오지 않는 제비의 빈 둥지를 올려다보는 슬퍼 보이는 어린아이.

○ 내려오는 죽음의 재를 두려워하며 맑은 날씨에 양산을 쓰고 걷는 피해망상을 품은 남자.

다만 시대가 지나치게 특정될지도 모른다는 걱정에서인지 완성된 영화를 보면 위와 같은 도입부 장면은 빠져 있다. 그런데도 "피폭된 참치"나 "방사능 비"라는 말은 그대로 사용되고 있으며, "방사능의 위협"에 떠는 당시 사회의 모습을 여러 장면에서 들여다 볼 수 있다.

예를 들어, 고질라의 존재를 알게 된 사람들의 반응 중에서 도쿄에 사는 여자 회사원의 다음과 같은 말이 있다.

정말 싫어요. 피폭된 참치에, 방사능 비가 쏟아지고. 게다가 이번에는 고질라가 오다니. 혹시라도 도쿄만에 상륙하면 도대체 어떻게 되는 건가요……. 정말 싫어요. 나가사키 피폭 때 겨우 목숨을 건진 소중한 목숨인데…….

그런 말에 조응하듯이 남자 회사원이 "슬슬 소개疏開할 곳이라도 찾아볼까?" 하고 중얼댄다.

방사능 공포가 나가사키·히로시마의 기억을, 또한 전쟁空襲의 불길한 기억을 끄집어내고 있음을 파악해 두자.

또한 고질라가 처음 습격하는 것은 난카이기선 소속의 에이코마루인데, 그해 3월 말 공표된 비키니 환초 부근에서 피폭된 어선 중에 미사키항三崎港 어선인 제10산코에마루第十三光栄丸라는 이름이 있었다. 에이코마루라는 선박 명칭은 '코에마루光栄丸'를 참고했음이 틀림없다.

이처럼 〈고질라〉라는 작품에는 제5후쿠류마루 사건이 짙게 반영돼 있다. 그런 점을 감안한다면 "수소폭탄 실험의 부산물"로 여겨지는 고질라가 맨 먼저 어선을 노린 것은 극히 자연스러운 일이다.

10. "방사능을 내뿜는 수소폭탄 대괴수"의 양의성

그런데 실제로 영화를 보면 다나카도 지적하는 우의寓意(풍자)로서의 반핵 메시지는 명확하기는 하지만 약하다. "수소폭탄 대괴수"로 불리며 "방사능을 내뿜는 대괴수"로 선전한 것에 비해서는 그렇다. 이른바 핵병기의 상징인 고질라의 성격은 그 정도로 명확히 그려져 있지 않으며 "원수폭의 위협" 또한 명확하게 부각돼 있지 않다.

예를 들어 도쿄에 상륙한 고질라는 방사능 화염을 써서 도시를 불태우고 건물을 파괴하고 사람들을 쫓아 버리지만, 파괴의 위협만이 그려져 있을 뿐 방사능의 위협은 묘사돼 있지 않다.

고질라가 지나간 후에는 틀림없이 방사능 오염이 일어나서 사람들이 심각한 문제로 여겨야 함에도 말이다. 제5후쿠류마루 사건이 충격적이었던 이유는 열선이나 폭풍이 아니라 죽음의 재를 뒤집어쓰고 죽은 사람이 나와서다. 이 영화에 가이거카운터방사능오염 탐지기가 등장한 후 유행어가 됐다는 사실 외에는 전혀라고 해도 좋을 정도로 방사능의 위협은 무시돼 왔다.

도대체 어떻게 된 일일까?

아마도 여기에는 고질라 자체의 의미를 둘러싼 혼란이 고개를 내밀고 있다. 두말할 필요도 없이 그것은 고질라와 원수폭과의 관계를 둘러싼 혼란이다.

고질라는 확실히 1954년 공개된 영화 오리지널 포스터 문구 그대로 "수소폭탄 대괴수", "방사능을 내뿜는 대괴수"였다. 그러므로 첫 번째 작품에서 인간 측 주인공의 한 명이자 고질라에게 최초로 화물선을 습격당한 난카이 기선의 자회사인 난카이샐비지의 소장인 오가타尾形 청년은 이렇게 말한다.

저 흉폭한 괴물을 이대로 방치해둘 수는 없어요. 고질라야말로 우리 일본인 위에 들씌워져 있는 수소폭탄 그 자체가 아닙니까.

하지만 고질라는 한편으로는 원수폭의 피해'자'이기도 했다.

역시 첫 번째 작품 주인공 중 한 명인 고생물학자 야마네山根 박사는 국회에서 이뤄진 조사 보고에서 이렇게 말한다.

고질라는 아마도 해저 동굴에 숨어 있으며 그들만의 생존을 지키며 오늘날까지 살아남았습니다. 하지만 거듭되는 수소폭탄실험에 의해 그들의 생활환경이 완전히 파괴됐습니다. 조금 더 소상히 말하면 수소폭탄 피해를 입은 탓에 안주의 땅에서 쫓겨나게 된 셈입니다.

이처럼 방사능 화염을 뿜으며, 무시무시한 파괴를 거듭하는 '수소폭판 대괴수'는 양의적인 존재이다.

11. 고질라도 인간도 분열돼 있다

만약 고질라가 원수폭 그 자체와, 원수폭에 의해서 쫓겨났다는 상반되는 성질을 공존시키는 존재라면 그에 대항하는 인간 측도 또한 분열되지 않을 수 없다. 주의해야 할 점은 여기에서 '인간'을 즉 '일본인'이라고만 특정할 수 없다는 사실이다. 확실히 주로 '일본인'이나 '미국인'이고, 미국인과 우호관계를 유지하는 일본인이며, 더 나아가서는 과학기술 발전을 향유하는 현대인이며 추상적인 '인간'이기도 하다. 이런 것을 한 묶음으로 한 '인간'으로서 사람들은 살아가고 있으며, 따라서 내부의 모순과 분열은 실로 복잡하다.

우선 고질라가 원수폭 그 자체라면 그에 의해서 파괴되는 인간 측은 원수폭의 피해자다. 인간의 생활에 직결된 어선이나 화물선이 습격당하는 것도 그런 이유에서다.

하지만 고질라가 원수폭의 피해를 입고 내몰린 것이라면, 고질라에게 파괴되는 인간 측은 원수폭의 피해자로서 완전히 동일한 처지에 놓인 것일까. 그러고 보니 고질라가 화물선이나 어선을 파괴하는 방식은 표적을 정하고 효과적인 공격을 해서 완전히 파괴할 때까지 공격의 강도를 늦추지 않는 방식은 아니다. 오히려 고질라가 어쩌다 해상에 부상해보니 거기에 불행하게도 어선이나 화물선이 지나가고 있어서 파괴해버렸다는 식의 우연한 파괴처럼 보인다.

다만 고질라가 피해자라는 생각은 인간 또한 피해자라는 사고방식으로 이끄는 사고의 회로에 지나지 않는다. 방금 전에 나온 야마네 박사의 고질라론이 바로 그것이었음은 다시 말할 필요도 없다.

이처럼 고질라의 모순은 그대로 원수폭에 대한 인간의 모순이기도 했다. 아마도 이 모순을 의식한 고질라 영화의 오랜 프로듀서였던 다나카 도모유키는 "인간이 만든 수소폭탄이라는 문명의 이기를 위해서 인간이 복수를 당한다는 이념"이야말로 고질라 영화의 사상이라고 표현하기도 했다.

원수폭에 내쫓긴 고질라가 원수폭을 창조한 인간이 창출한 질서를 파괴하러 온다.

고질라는 원수폭의 피해자인 동시에 원수폭의 위력 그 자체의 가해자이며, 인간은 원수폭을 둘러싸고 가해자인 동시에 피해자이다. 그러한 생각이 고질라 영화를 제작하는 측에 있었음은 명확하다.

하지만 그러한 의도는 생각인 채로 멈춰 있고, 고질라의 성격을 부여하는데도, 또한 영화 전체의 톤으로 명확히 나타나 있다고는 도저히 말할 수 없다.

사상으로서 거칠게 들이미는 것이 아니라 감정적인 혼란 그 자체로 영화 속에 마구 집어넣은 듯한 인상이 강하다.

12. '가해자'라는 사상

그러한 혼란이 일어난 것은 "고질라는 원수폭 그 자체"라는 생각과 이어지는 "인간은 원수폭의 피해자다"라는 해석 방식이 당시에 꽤나 강했기 때문이다. 화물선이나 어선이 습격을 당하고, 거리가 파괴되고 생활이 파괴된다. 그러한 일방적인 파괴에 대항해 '평화'를 희구하고, 원수폭 그 자체인 고질라를 철저하게 미워하는 것은 당연하다는 발상이다.

이 "피해자로서의 우리"라는 생각은 아마도 당시 대부분의 사람들이 막연하지만 자연히 품고 있던 생각이었음이 틀림없다. 물론 이는 15년 동안 계속된 악몽 같은 전쟁과도 관계돼 있으며 히로시마·나가사키의 피폭 체험과도 떼려야 뗄 수 없다.

'피해자'라는 개념을 둘러싸고 '가해자'라는 개념이 우리 사이에 명확하게 사상으로 나타나게 되기까지는 그로부터 10년 이상의 시간이 지나야 했다.

쓰루미 슌스케鶴見俊輔는 "가해자와 피해자"라는 실로 흥미 깊은 항목『전후사대사전(戦後史大辞典)』, 산세이도에서 다음과 같이 썼다.

'베트남에 평화를! 시민연합'줄여서 베헤렌의 대표 오다 마코토小田実가 반전운동 안에서 제창하여 1965년 이후 커다란 영향을 끼친 구분. 1965년까지는 전쟁이라고 하면 일본 민중은 자신들은 피해자라는 생각이 주류였다. 전쟁을 지도했던 권력자가 가해자이며, 그 이외의 일본

국민은 피해자라는 사고방식이다. 1950년부터 1953년에 걸친 한국전쟁의 시대조차, 한국전쟁 특수로 일본 경제가 다시 회복돼 가고 있음을 느끼면서도 자신들이 조선인·한국인의 불행을 발판으로 기대 이익을 얻고 있다는 사고방식은 그렇게 널리 국민 사이에 공유되고 있었다고 할 수 없다. 하지만 1965년 미국이 베트남 북부를 폭격했을 즈음, 미국인이 현재 행하고 있는 것이 1931년부터 1945년까지 일본이 중국에 했던 것과 닮은꼴임이 일본인 사이에서 느닷없이 널리 보이기 시작했다. 베헤렌 대표인 오다 마코토의 슬로건은 민중의 상상력에 확실히 불을 붙였다.

전쟁과 관련된 피해자의식은 확실히 '위'에서 강요된 '1억 총참회'론1945과 비교해 보면 많은 이들이 실감했던 감각이었음은 분명하다. 하지만 피해자 의식이 놓친 것 또한 실로 컸다.

전쟁을 피해자와 가해자가 동시에 존재한다는 뒤얽힌 장소로부터 파악해야만 했다.

하지만 이러한 사고방식은 전쟁이 끝난 후 반세기 이상이 지난 현재에도 우리 사이에 확실히 뿌리를 내리고 있다고는 할 수 없다. 유감스럽기는 해도 1954년 고질라 영화에서 고질라라는 파괴자에 대한 피해자 의식이 보다 강하게 표출됐다고 하더라도, 그것을 비난할 수 있는 이상적인 장소를 우리는 아직 충분히 확보하지 못했었다.

13. 원수폭을 둘러싼 미국과 일본

게다가 원수폭을 둘러싼 사람들의 감정은 전쟁에 대한 의식과 대체적으로 겹쳐지면서도 한층 복잡한 문제를 함포하고 있었다고 해도 좋다.

그 이유는 히로시마와 나가사키를 경험한 일본에서, 전후 6년 8개월에 걸쳐 '연합국'이라는 명목 하에 원폭을 투하한 국가인 미국의 점령 관리 체제가 이어졌기 때문이다. 그 후에도 미국에게 정치·경제·군사 및 문화면에서 의존하고 있는 일본에서, 미국의 수소폭탄 실험에 의해 제5후쿠류마루 사건 등을 경험해야만 했던 일본에서, 원수폭이라는 핵병기를 둘러싸고 '가해자' 의식이 싹튼다는 것은 거의 불가능에 가까웠음이 분명하다. 미국과의 관계는 핵병기와 관련된 강렬한 '가해자' 의식을 억압하고 있었다.

앞서 검토했던 영화에서 국회에서 이뤄진 고질라 조사·대책 위원회 장면을 상기해 보자. 보수 정당의 풍모부터 언어 사용까지 정말이지 남성중심적인 남자 국회의원이 고질라의 존재를 "공표해서는 안 된다"고 주장한다. 그는 그 이유로 맨 먼저 '미국'을 직접 거명하는 것을 피해가면서 이렇게 말한다.

저 고질라라는 존재가 수소폭탄 실험으로 태어난 사생아라는……. 그런 사실을 말이야. 그런 걸 공표하면 안 그래도 평소에도 시끄럽던 국제관계를 도대체 어떻게 한단 말입니까.

고질라가 원수폭 그 자체로 여겨지고 공포의 대상이 되면서도, 상륙 후 '원수폭'과 관련된 속성을 거의 완전히 지운 이유의 중심에는 미국과의 관계가 있었을 것으로 추정된다.

미국 측에서 '원수폭 실험'과 고질라 탄생이 관련돼 있음을 허용하기 힘들었듯이, 미국 리메이크인 〈괴수왕 갓질라GODZILLA, KING OF THE MONSTERS!〉감독·총 편집 테리 O. 모스 감독, 레이몬드 버 주연, 1956년 작에서는 그 대부분의 장면을 〈고질라〉1954에서 그대로 사용하면서도 방사능을 내뿜는 고질라가 어디서 왜 출현하는지 등을 모두 지워버렸다. 1998년에 만들어진 롤랜드 에머리히 감독의 〈갓질라GODZILLA〉에서도 고질라의 탄생은 미국의 핵실험이 아니라 프랑스의 핵실험 때문이었다. 그렇게 정체를 알 수 없는 존재로 고질라를 만든 결과, 오히려 영화와 고질라를 어쩐지 으스스하고 묘하게 리얼리티가 있게 만들었음은 아이러니라 할 수 있다. 여기에 나타나 있듯이 미국의 핵실험에 관한 인식이 고질라영화 제작에 큰 영향을 미쳤음은 자명하다.

히로시마와 나가사키를 경험한 결과 강렬했던 일본인의 '피해자'의식조차 이러한 제약을 받고 있었다.

그런 제약이 존재하고 있다는 사실이 제5후쿠류마루사건에서 비롯된 반원수폭실험 = 반미 의식을 한층 고양시켰음은 분명하다.

하지만 그렇기에 한층 고양된 그러한 '피해자' 의식을 넘어, 그 위에 '가해자' 의식을 획득하는 길은 당시 사람들에게는 거의 불가능에 가까운 사상적 인식이었음이 분명하다.

고질라의 프로듀서였던 다나카 도모유키가 말하는 "인간이 만든 수소폭탄이라는 문명의 이기를 위해서 인간이 복수를 당한다는 이념"은 당시의 그러한 피해자·가해자 의식 안에서 보자면 실현이 실로 어려운 이념이지만, '피해자' 의식을 그대로 '가해자' 의식으로 이어서 우리가 스스로를 되물을 필요성을 날카롭게 꿰뚫은 중요한 이념이었다고 해도 좋다.

14. '과학기술'이라는 아름다운 우상

무엇보다 "인간이 만든 수소폭탄이라는 문명의 이기를 위해서 인간이 복수를 당한다는 이념"의 실현을 방해한 것은 전쟁을 둘러싼 피해자 의식·가해자 의식이나 원수폭을 둘러싼 미국과의 관계만은 아니었다. 그보다 훨씬 큰 저해 요인이 사람들의 마음을 점령해가고 있었다고 해야 할 것이다.

그것은 '과학기술'이라는 "인간이 만들어낸 문명"의 중심에 해당하는 눈부신 존재였다.

1954년 즈음의 시기는 전쟁 이후의 혼란이 일단 수습되는 것과 함께 '근대화'를 향해서 사회가 직접적으로 상승 코스를 의식하기 시작한 시기였다. 확실히 산업이 '이륙'^{테이크오프}하는 시기였다. 이 이륙을 추진할 때 중심에 있었던 것은 길게 설명할 것도 없이 '과학기술'이었다.

이러한 사회의 강한 상승의식에 휩싸인 '과학기술'은, 실제로는 과학기술에서 마이너스 의식을 결여시킨 채 과잉이라고 해도 될 정도로 상찬과 기대로 채워진 허구의 과학기술, 즉 "과학기술이라는 우상"이었다.

하지만 "과학기술이라는 우상"을 낳은 것은 그러한 기대 특유의 상승의식만은 아니었다. 그런 우상의식은 패전 직후에 이미 형성되고 있었다. 당시의 민주주의적인 과학자 한 명이 일본의 패전은 세계의 과학자들이 연대해서 일본의 야만을 추방하려고 했던 성과이며, 원자폭탄은 과학자가 승리한 징표였다는 의미를 담은 문장을 썼다는 사실을 기억해도 좋다.다케타니 미쓰오(武谷三男), 「혁명기 사유의 기준-자연과학자의 입장에서」

현재의 우리에게 이상할 정도로까지 보이는 과학기술을 향한 우상숭배 의식은 다케타니 미쓰오 만이 아니라 극히 일반적인 사람들의 의식이었음을 간과해서는 안 된다.

이러한 "과학기술이라는 우상"은 1954년에 일어난 제5후쿠류마루사건으로 심대하게 흔들렸지만, 사람들은 원수폭 위협과 '과학기술'의 미래를 떼어내는 방식으로 과학기술의 위기를 부지불식간에 뛰어넘은 것처럼 보였다.

적어도 "인간이 만든 수소폭탄이라는 문명의 이기를 위해서 인간이 복수를 당한다는 이념"이 이러한 시대에 침투하는 것은 더없이 곤란했다. "인간이 만들어낸 문명" = 앞으로 만들어갈 상승 지향 사회를 향한 기대와, 그 중심에 있는 과학기술의 앞쪽에 원수폭이 존재한다는 의식이 쉽게 연결되지 않았다.

그렇기에 고질라가 나타나는 밤이 준비되어야만 했다고 말해도 좋을 것이다.

'과학기술'이 만들어낸 밝고, 청결하고, 합리적인 세계의 한복판에 고질라가 나타나는 '어둠'이 퍼져가고 있었다.

과학기술이 가리키는 '미래'와 반대되는 '과거'를 지칭하는, 어둡고 그로테스크하며 합리적인 견해를 버리지 않는 한 인정하는 것이 불가능한 고질라라는 존재가 어둠 속에서 움직이기 시작했다.

고질라라는 무시무시한 '어둠'이 사람들을 덮쳤다.

제3장

고질라가 오는 밤에 있던 것은

고질라가 데려온 '어둠'은 "태고의 어둠"이 아니라, 현대의 시간의식·질서의식에 의해 매장돼 가는 것들의 어두움이었다. 아, 막아서는 자는 어째서 항상, 이토록 으스스한 것인가. 고질라로부터 "해방으로서의 그로테스크"를 배운 밤, 거기에 모인 사람들이 있었음을, 당신도, 어렴풋이 깨닫고 있을 터이다.

1. 고질라가 오는 밤과 마주하다

화물선 에이코마루의 수수께끼에 휩싸인 침몰은 밤에 일어났다.

또한 수수께끼에 휩싸인 거대생물이 오도섬에 출현한 것도 밤이었다.

이러한 '밤'은 커다란 사건의 전조를 실로 '전조'로서 숨기며 나타내기 위해 필요했던 '밤'이었다.

그렇다면 고질라가 도쿄에 상륙한 것은 어떻게 해석하면 좋을까?

고질라는 시나가와 먼 바다 제2다이바에 상륙해서 시나가와역을 불바다로 만든 후 어떤 이유에서인지 물러났다. 본격적인 상륙이 예상됐다. 다시 시바우라 부근에서 상륙한 고질라는 방위대의 5만 볼트 고압전선 철조망을 돌파해 10만 도 이상의 열을 뿜는 방사능화염을 내뱉으며 건물을 불태우고 도쿄를 초토화시켰다.

고질라가 일본을 본격적으로 파괴하기 시작한 날이다.

흥미로운 사실은 고질라가 마치 밤이 되기를 기다려서 도쿄를 습격한 것처럼 보인다는 것이다.

고질라가 시바우라 지구에서 신바시를 빠져나와 긴자에 도달한 시각은 밤 11시다. 긴자의 명물인 와코빌딩 핫토리시계탑의 커다란 종소리에 놀란 고질라는 시계탑을 부숴버린다.

그걸 보면 어쩐지 고질라는 '야행성'인 듯하다. 적어도 어둠을 좋아하고, 빛을 싫어하는 습성인 것만은 틀림없다.

이는 도쿄만에 나타났던 고질라를 보려고 서둘러 도착했던 고생물학자 야마네 교헤이 박사의 입에서도 확실히 발화된다. 해안선에 진을 친 방위대 전투부대는 서치라이트로 바닷속 고질라를 계속 비추는데 야마네 박사는 경비대원 한 명을 향해서 필사적으로 외친다. "지휘관에게 전해주세요. 고질라에게 빛을 비추면 안 됩니다. 점점 더 화가 나게 할 뿐이에요!"

2. 데이터 ② 고질라는 어둠을 선호하고, 어둠에서 출현한다

야마네 박사의 말로 상징되듯이 고질라는 실로 "어둠의 괴수"다.

이러한 고질라의 '야행성'은 두 번째 영화인 〈고질라의 역습〉에서도 명확히 표현돼 있다. 이 작품에서 고질라는 오사카만을 지나 역시 한밤중에 시내에 상륙한다. 그때 오사카 시내는 고질라를 막기 위해 급히 오사카로 온 야마네 박사의 제언에 따라서 전 도시에서 등화관제를 실시했다. 시내는 이후 암흑에 휩싸인다.

또한 방위대는 빛을 적대시하는 고질라의 습성을 이용해서 조명탄을 투하해서 고질라를 만의 바깥으로 유인하는 작전을 시행하는데, 그것이 적중하려던 찰나 탈주중이던 죄수들이 석유탱크에 자동차를 부딪쳐서 대화재를 일으키는 바람에 고질라를 다시 불러들이고 만다는 식으로 영화는 진행된다. 요컨대 이 작품에서는 "어둠을 좋아하고, 빛을 싫어한다"는 고질라의 습성이 스토리를 전개할 때 중요하게 작용하고 있다.

그러면 고질라는 어째서 "어둠의 괴수"로 우리 앞에 나타날까? 본래 고질라가 짊어지고 있는 어둠과 고질라가 꺼리고 싫어하는 빛은 도대체 무엇을 의미하는 것일까?

야마네 박사의 제언은 다음과 같았다.

이것은 도쿄에 상륙했을 때의 상황에서 판단해서 말할 수 있는 것인데 고질라는 빛에 굉장히 민감합니다. 그렇다기보다 극심한 격노에 불타오릅니다. 과거 수소폭탄 실험의 기억을 상기시킨 결과라 보이며, 빛에 대해서 불가사의한 습성을 지니고 있습니다. 그래서 그 습성을 거꾸로 이용할 방법으로 생각할 수 있는 것이 사전에 조명탄이라도 투하해서 고질라를 멀리 해상으로 유인해내는 겁니다. 현재로서는 대단히 소극적인 대책으로밖에 보이지 않지만, 등화관제만은 반드시 실시해주시기 바랍니다.

과연 야마네 박사의 예상대로 수소폭탄 실험의 기억이 고질라를 "어둠을 좋아하고, 빛을 싫어하"는 괴수로 만든 것일까? 그런 추론도 가능하다.

사실 영화 〈고질라〉에서 어둠속을 서성이며 빛을 거부하는 것은 고질라만이 아니다. 그 외에도 화면의 암부에 숨어서 어둠에 매몰돼 있는 것처럼 보이는 캐릭터가 몇 명이나 등장한다. 또한 그들이 짊어진 어둠은 고질라가 끌어안고 있는 거대한 어둠과 겹쳐져 있는 듯하다. 이는 이 영화가 의도적으로 흑백영화의 이점을 최대한 활용하고 있음과도 무관하지 않다.

3. 오도섬의 노인은 '어둠'의 캐릭터이다

영화 〈고질라〉에서 가장 먼저 "어둠의 캐릭터"로서 등장하는 인물은 선박 조난 및 철저한 흉어의 원인을 섬에 오래전부터 전해오는 전설의 괴물 고질라의 소행이 아닐까 하고 걱정하는 오도섬 노인이다.

섬 어부 중 한 명이 "안 되겠어. 송사리 한 마리 잡히지 않아. 이런 흉어는 처음이야"하고 말하자 할아버지는 "역시 고질라인지도 몰라"하고 중얼댄다. "또 할아버지의 고질라 말인가요? 요즘 세상에 그런 게 어디에 있어요"하고 딸이 놀리자 "이봐 예부터의 전설을 바보 취급하면 지금이라도 너희 계집들을 고질라에게 공물로 바칠 수도 있어"하면서 언성을 높인다.

이 노인이 등장하는 장면은 몇 컷 정도밖에 되지 않지만 그 대부분이 밤이라는 사실은 주목을 요한다. 그야말로 어둠 속에서 홀로 살아남아 고질라 전설을 마지막으로 전하는 이야기꾼이라고 해도 좋다.

또한 노인은 섬에 취재를 하러 온 신문기자에게 고질라를 다음과 같이 설명한다.

아무튼 엄청나게 큰 괴물이라서 말이지. 바다에 있는 물고기를 전부 다 먹어치운 후, 이번에는 육지에 상륙해서 인간까지 다 먹을지도 몰라. 그 옛날 폭풍우로 흉어가 계속되면 젊은 딸내미를 제물로 삼아 먼 바다로 떠내려 보냈어. 지금이야 그때의 무악舞樂이 이렇게 남아 있지만.

여기서 처음 고질라 탄생의 일단이 명확해진다.

요컨대 고질라는 오도섬의 전설적인 괴물이자 일종의 바다신海神으로 여겨지고 있었다. 그 바다신의 분노를 진정시키기 위해서 예부터 오도섬에서는 액막이로서 "고질라吳爾羅를 기원하는 무악"이 개최되고 있다는 설정이다.

이것은 고질라라는 괴수가 그 먼 옛날 '신화·전설의 어둠'에서 왔음을 말해준다.

그와 동시에 고질라의 존재를 믿는다는 이유로 다른 섬사람들로부터 시대에 뒤처진 미망에 사로잡힌 결정체처럼 여겨져서 소외된 노인 또한 그러한 어둠 속에 자신을 반쯤 적시고 있음을 보여준다.

또한 이 노인은 야마네 박사가 이끄는 조사단이 정작 섬을 찾아왔을 때는 어디론가 사라진다. 노인은 최후의 이야기꾼으로서 고질라 전설을 다 전한 후 어둠 속으로 사라져 버렸다.

4. 고질라를 죽일 수 없는 야마네 박사

어둠을 체현하는 두 번째 인물은 고생물학자인 야마네 교헤이 박사이다.

등장인물 중에서 야마네 박사는 오로지 혼자서 고질라 말살을 정면에서 반대한다.

특별재해 대책본부에서의 한 장면이다.

"야마네 박사님, 솔직히 말씀드릴게요. 어떻게 하면 고질라의 목숨을 끊을 수 있을지 그 방법을 알고 싶습니다."

"그건 무리입니다. 수소폭탄의 세례를 받았으면서도 여전히 생명을 유지하는 고질라를 어떻게 말살한다는 겁니까? 그런 것보다 우선 저 불가사의한 생명력을 연구하는 것이야말로 선결 과제입니다."

고질라가 도쿄를 파괴하고 있을 때, 야마네 박사의 주장은 학자로서도 조금 제멋대로라고 해도 좋을 정도다. 하지만 그는 성실한 고생물학자이기에 고질라를 말살함으로써 "200만 년"(이라고 야마네 박사가 잘못 표현했다는 사실은 잘 알려져 있다)이라는 시간을 짊어지고 살아가고 있는 고질라의 의미까지 말살하는 것까지는 감내하지 못 한다. 물론 그것만은 아니다.

이러한 야마네 박사의 입장은 다음과 같은 장면에 상징적으로 나타나 있다고 해도 좋다.

자택 거실에서 야마네, 딸 에미코, 그리고 에미코의 애인인 오가타가 티비를 보고 있다. 화면에는 바닷속의 고질라를 향해서 폭뢰 공격을 하는 프리깃함대경무장한 소형 군함의 장렬한 전투신이 나오고 있다. 한동안 그 화면을 불쾌한 듯이 바라보고 있던 야마네는 얼마 안 있어 더는 참을 수 없어져서 아무런 말없이 자신의 방에 틀어박혔다.

아버지가 걱정된 에미코가 그 뒤를 따라서 서재 문을 열자 실내는 어두컴컴한 어둠속에 잠겨 있다.

그 어둠 한복판에서 문에 등을 돌린 야마네 박사가 의자에 앉아 있다. 책상 위에는 공룡의 커다란 골격 모형이 놓여 있다. 불을 켠 에미코에게 야마네 박사는 침통한 목소리로 말한다.

"잠시 혼자 있게 해 줄래……. 에미코, 불을 꺼주렴."

이 장면에서 어둠 속에 드러나는 야마네 박사의 뒷모습은 바닷속 어둠에 홀로 가만히 있는 고질라의 모습 그 자체가 아닐까.

야마네 박사는 고질라의 어둠에 완전히 동화돼 그 무한한 과거의 시간 속으로 깊이 가라앉고 있음을 알 수 있다.

고생물학자 야마네 박사는 오도섬의 노인과 마찬가지로 "과거를 살아가는 사람"이다. 또한 그만이 고질라의 존재 이유를 명확히 인정하고 있다. 고질라가 원수폭이라는 인간이 만들어낸 문명의 피해자라는 사실을 포함해서.

그런 의미에서 야마네 박사는 입 밖으로는 꺼내지 않지만 고질라의 대변자라고 할 수 있다.

5. 세리자와 박사는 마침내 "초고질라"가 됐다

오도섬 노인이나 야마네 박사는 이른바 고질라의 '영매' 역할을 맡은 인간이지만, 고질라와 함께 물속으로 사라지는 옥시즌 디스트로이어의 발명자 세리자와 다이스케의 경우는 그 존재 자체가 거의 "제2의 고질라"라고 해도 좋을 정도다.

세리자와 박사는 야마네 박사의 애제자로 과거 에미코의 약혼자였던 것으로 보이는데, 전쟁에서 얼굴에 상처를 입고 한쪽 눈을 실명한다. 그 트라우마정신적 외상때문인지 이후 타인을 곁에 잠시도 오지 못 하게 하고, 자신의 어둑어둑한 연구실에 틀어박혀 그저 연구에 매진한다.

실로 "어둠의 생활자"라 하겠다.

세리자와 박사는 산소를 연구 테마로 삼아서 모든 각도에서 관련된 연구를 하고 있다. 그 과정에서 수중 산소를 한순간에 파괴해서 모든 생물을 질식사시킨 후에 액화시키는 옥시즌 디스트로이어라는 수중 산소 파괴제를 발명한다. 세리자와 박사 본인의 설명에 따르자면 포탄 정도의 양이 있으면 도쿄만 전역을 죽음의 세계로 만들 수 있다고 하니 참으로 무시무시한 파괴력이라 하겠다.

"제2의 수소폭탄"이라고 해야 할 무기를 회득하면서 세리자와는 고질라에 대항할 수 있는 유일한 인물로 그려진다. 결과적으로 그는 '최종 병기'를 고질라를 향해서 행사할 수밖에 없어진다.

처음에 세리자와는 고질라를 쓰러뜨리기 위해서 옥시즌 디스트

로이어를 사용해야 한다는 에미코나 오가타의 간청을 완고할 정
도로 계속 거부한다. 평화이용을 위해서 연구를 계속 했던 이 약품
이 "제2의 핵병기"가 되는 것을 극도로 무서워했기 때문이다.

단 한 번만 사용하고 모든 연구자료를 불태워 버리면 앞으로 악
용될 일은 없다고 주장하는 오가타에게 세리자와 박사는 이렇게
대답한다.

오가타. 인간은 약한 존재라네. 모든 서류를 불태워도 내 머릿속에
제조법이 남아 있어. 내가 죽지 않는 한, 어떤 일로 다시 사용할 처지로
몰릴지 누가 단언할 수 있겠나. 아, 이런 것만 만들지 않았더라도.

"인간의 약함"과 관련된 극한을 과학자의 입장에서 실로 훌륭하
게 표현한 말로 기억에 남겨 두고 싶다. 이 허구 속의 언어와 비교해
보면, 앞서서 검토했던 민주주의적 과학자의 '주체'적 발언 등은 '주
체'가 완전히 결락된 순수한 허구의 언어로밖에는 보이지 않는다.

결국 세리자와는 오가타 등의 설득을 받아들여서 고질라와 대
결하게 되는데, 그는 고질라를 쓰러뜨리기 위해서 자신을 멸해야
한다는 사실도 잘 알고 있다. 고질라를 매장해 버려도 옥시즌 디스
트로이어를 발명한 자신이 살아 있는 한, 이번에는 자신이 고질라
와 마찬가지의 입장에 서서 사람들을 위협할 수 있음이 명확하기
때문이다.

요컨대 옥시즌 디스트로이어라는 악마의 병기를 손에 넣은 세

리자와와, "원수폭 그 자체"로서의 성격이 있는 고질라는 동일체라고 해도 좋다. 아니다, 고질라를 절멸시킬 수 있는 세리자와 박사야말로, 세계에서 유일한 "초고질라"라 하겠다.

6. 마지막 장면의 침울한 비애

세리자와는 고질라를 바닷속 깊숙이 매장한 후 스스로 환기관과 구명삭을 절단하고 죽음을 선택한다. 옥시즌 디스트로이어의 비밀을 영구히 세상으로부터 묻어버리기 위해서. 40년 후, 〈고질라 VS 디스트로이어〉에 등장하는 이주인伊集院 박사가 그와 유사한 마이크로 옥시즌Micro Oxygen을 제조하리라고 그는 생각조차 한 적이 없을 것 같다.

고질라를 쓰러뜨린 세리자와에게 영웅의 면모는 보이지 않지만, 고질라와 함께 다시 '어둠' 속으로 묻혀버린 자라는 인상을 모두가 강하게 받았다. 〈고질라〉 마지막 장면에 보이는 침울한 슬픔이 세리자와의 죽음 때문인지, 고질라의 최후 때문인지, 우리는 명확하게 구분할 수 없다.

확실히 세리자와 박사는 현실의 모든 화려함, 강함, 밝음 등과 한 없이 먼 장소에 있다. 그의 이름이 '다이스케大助'임은 그렇기에 아이러니이다.

그는 전쟁에서 부상을 입었는데, 아마도 외상보다 훨씬 심각한 내적인 상처를 입었음이 틀림없다. 오른쪽 눈을 가린 칠흑의 안대는 세리자와의 내면에 퍼져가는 거대한 '어둠'을 향한 작지만 누구에게도 명확히 알 수 있는 통로이다.

또한 세리자와는 과거 약혼했던 야마네 박사의 딸인 에미코를 오가타에게 빼앗기면서도 어찌할 도리 없이 지켜볼 수밖에 없는 남자다. 그것이 그의 내부의 '어둠'을 한층 짙게 하고 있음은 분명하다.

또한 세리자와 박사는 최첨단 과학 연구자이면서 현대 과학에 불신을 품은 채, 곧 다가올 새로운 시대에 떨쳐지지 않는 위화감을 느끼고, 스스로를 포함한 인간이라는 존재조차 믿으려 하지 않는다. 그 '인간' 중에 세리자와의 곁을 어느새 떠나 아름답고 헌신적이며 평화를 그저 염원하며 인간의 미래를 굳게 믿는 에미코 또한 있다.

틀림없이 그는 시대의 화려함, 강함, 밝음 등과는 한 없이 멀어진 것만이 아니라, 그 자신이 스스로 멀어지려고 하는 '어둠'의 인간이라 해도 좋다. 그가 여전히 전쟁의 기억에 결박돼 에미코와의 과거를 잊지 못 하고 있다면, 그 '어둠'은 "과거로 퍼져가는 어둠"이리라.

7. 널리 존재하기에 소멸하는 것인가

그러한 "과거의 어둠"을 끌어안으면서 옥시즌 디스트로이어라는 최종 병기를 지니고 등장하는 세리자와 박사는 200만 년_{실제로는 적어도 6,500만 년 전}되는 태고로부터 소생해서 현대 문명을 파괴하고 정처 없이 이 시대를 헤매는 고질라의 모습과 겹쳐진다.

고질라와 겹쳐지는 세리자와가 끝내 고질라를 쓰러뜨렸다기보다 고질라와 함께 사라지는 장면은 고질라에게도 또한 인간과 그 시대에도 실로 중요한 일이라고 말하지 않을 수 없다.

고질라를 쓰러뜨린 것은 국토방위를 명목으로 화려하게 등장한 방위대(영화에서는 '자위대'를 이렇게 부른다)가 아니었다.

또한 과학과 인간의 미래를 믿고 앞으로의 시대의 중심적인 인물이 될 것 같은 오가타와 에미코 등의 사람들도 아니다.

고질라와 동일한 어둠을 짊어진 세리자와만이 고질라를 본래 있었던 어둠의 세계로 되돌린 후 봉인할 수 있었다.

요컨대 현대문명이 최종적으로 고질라에게 승리한 것이 아니며, 따라서 고질라는 무엇인가에게 패배해서 멸절된 것 또한 아니다.

고질라는 그저 '고질라'와 함께 자취를 감춘 것뿐이다. 고질라는 세리자와와 함께 녹아서 사라져 갔다. 이는 고질라가 해저의 '어둠' 속으로 녹아가며 스스로를 그 '어둠' 속에 편재하게 했다고 해석할 수 있다.

따라서 "세기의 과학자 세리자와 박사는 마침내 승리했습니다"

라는 화려한 승리 선언이 울려 퍼지는 배안에서 야마네 박사가 홀로 바다를 바라보면서 중얼거리는 대사는 실로 의미 깊다.

야마네 박사는 이렇게 말한다.

저 고질라가 마지막 한 마리가 아닐 거야. 만약 수소폭탄 실험이 계속 이뤄진다면, 저 고질라와 비슷한 존재가 세계 어딘가에 나타날지도 몰라.

하지만 야마네 박사의 중얼거림이 이것으로 끝이라고는 생각되지 않는다. 그렇다고 하기에는 우리는 이미 많은 사실을 알고 있다. 예를 들어 "수소폭탄 실험이 계속 이뤄진다면"이라거나 "전쟁의 상처를 계속 해서 안 보려고 한다면"이라거나, 혹은 "전설을 아무런 근거도 없이 계속 파묻어 버리려 한다면"이라거나, "세계의 시간을 과거로 계속 가둬두려 한다면"이라거나, 더 나아가서 그러한 '어둠'에서 발하는 무수한 말이 울리며 공진할 터이기 때문이다.

본래 그러한 말을 중얼거리는 야마네 박사는 '어둠' 속에 있으며, 그 안쪽에 있는 '어둠'을 계속해서 응시하고 있던 사내였다. 따라서 "저 고질라와 비슷한 존재가 세계 어딘가에 나타날지도 몰라"라고 홀로 중얼대면서, 여기에 이미 또 하나의 '고질라'가 조용히, 하지만 자각적으로 출현하고 있었던 것이다.

8. '과거'가 '태고'가 돼간다

다만 그곳에서의 '어둠'은 결코 실체로 존재하는 무엇인가가 아니었음을 기억해 두자.

예를 들어 '태고'의 어둠이 어딘가에 그대로 보존돼 있을 리 없으며, 전쟁의 어둠 또한 어떤 곳에 변함없이 계속 존재해 있지도 않다. 그러한 기억의 형태로 상흔처럼 남아있는 것은 명확하다 해도, 그것은 어떤 경우에는 거의 반추되지 않으며 어떤 경우에는 과잉될 정도로 부풀려지기 마련이다. 따라서 중요한 것은 바로 '상황'이다.

또한 '어둠' 자체도 때에 따라서는 공포로도 또는 평안함으로도, 쾌락으로도, 어쩐지 불쾌하거나 더럽거나 아름답거나 등으로 파악된다.

마찬가지로 '과거'도 또한 그러한 '상황'에 따라서 다양한 모습으로 우리 앞에 나타난다. 어떤 경우 그것은 눈부시며 두근두근 거리는 유일한 시간이다. 또한 어떤 경우에는 지금은 잊힌 그리운 시간이다. 또한 어떤 경우에는 절대로 돌아가고 싶지 않으며 떠올리고 싶지도 않은 역겨운 시간으로밖에 여겨지지 않는다.

1954년 전후부터 사회가 상승하는 코스로 '이륙'하면서 이러한 '어둠'과 '과거'를 과잉될 정도로 함께 드러내는 동시에 부정적인 상징으로 만들었다고 해도 좋다.

사회가 그리던 상승 코스는 두말할 필요도 없이 "과학기술이라는 아름다운 우상"이 견인하는 사회의 '근대화'였다. 이 '근대화'는 이후 장기간에 걸쳐서 절대적으로 긍정적인 뉘앙스의 말로 기능했다.

'근대화'란 시간을 직선화하는 것만이 아니라 명확한 가치를 서열화하는 것을 의미한다. 요컨대 지체된 과거와 선진적인 미래, 선한 미래와 악으로서의 과거라는 양극을 형성한다. 또한 그 양극에 끼인 채로 현재는 몹시 서둘러 과거로부터 떨어져야만 하는 시간이며, 맹렬한 속도로 미래로 접근해야만 하는 시간, 즉 '과정'이 될 수밖에 없다.

당시 전쟁의 시대를 '중세의 암흑'으로 파악한 역사학자가 있었던 것처럼 과거는 실제로 시간의 수백 배 저편에 있는 어둠으로 멀어져가고 있었다. 역사학자의 상당히 엄밀한 감각에서조차 그랬다. 사람들 안의 '과거'는 그것보다 훨씬 더한 저편의 어둠으로 침전돼 있었던 것이 아니었을까? 그 저편의 어둠이, 상상할 수 있는 한도에서 가장 먼 저편의 '태고'적 어둠이, 사람들 내부에 겹쳐졌다고 해도 신기한 일만은 아니다.

9. 시간의식을 디자인한 것으로서의 '공룡 스타일'

우리는 '시간'을 느끼기는 해도 볼 수는 없다.

현실의 변화가 천천히 일어나거나 일정한 속도로 진행되면 '시간'을 거의 느낄 수 없지만, 갑자기 격렬해지거나 급작스레 멈출 때면 '시간'은 날카롭게 인식된다.

하지만 그처럼 명확히 느껴진다 해도 '시간'은 여전히 보이지 않는 채로 존재한다.

하지만 우리는 그처럼 보이지 않는 '시간'을 보이는 것과 대응해서 "보이는 것"으로 만들고 있다. 변화하는 사물이나 인물을 떠올리며 우리는 '시간'을 보고 있다. 또한 종종 그러한 '시간'을 보여주는 무엇인가를 적극적으로 만들어낸다.

이를 '시간'의식의 디자인이라고 해두자.

고질라가 도대체 무슨 이유로 태고의 공룡 스타일을 하고 있는가? 라는 질문은 이상하게도 거의 나오지 않았다. 제작자인 다나카 도모유키가 당시 미국에서 인기를 모았던 원자력 괴수를 주인공으로 한 〈원자괴수 나타나다〉에서 힌트를 얻은 사실이 그러한 질문을 방해했는지도 모른다.

미국의 원자괴수는 이 정도에서 접어두지만, 다나카가 어째서 '원수폭'과 공룡을 그대로 연계했는지는 여전히 의문점으로 남는다. 〈원자괴수 나타나다〉는 또 다른 고질라와 관련된 저서 『고질라의 수수께끼 괴수신화와 일본인』고단샤 1998년에서 자세히 다뤘다.

쓰부라야 에이지는 어째서인지 거대생물에 집착해서 "남쪽바다 거대 문어"로 하자는 제안을 했다. 당시 제5후쿠류마루사건으로 보자면 거대화한 "원자력 참치"여도 좋았을지도 모른다.

그럼에도 다나카가 '공룡' 스타일에 집착했고, 또한 스텝도 그

집착을 더욱더 증폭해 훌륭한 스타일을 만들어낸 이유는 무엇이었을까?

아니 무엇보다 이 '공룡' 스타일의 고질라를 1,000만 관객이 어째서 그 정도로 열광적으로 맞이했는가를 물어야만 한다.

아마도 그런 사람들을 열광하게 만들고, 영화 스텝을 몰두하게 하고, 다나카가 강렬하게 집착했던 이유는 같았을지도 모른다.

여기에는 당시 사람들의 시간의식이 강렬하게 작용하고 있었다.

근대화라는 사회의 상승 코스를 따른 결과 과거가 무시무시한 속도로 멀어지고, 그뿐만이 아니라 꺼림칙한 것처럼 과거가 인식되고 내던져지는 시대.

밝고 합리적인 내일을 바라는 욕구가 강하면 강할수록 어제는 어둡고 비합리적인 '어둠'으로 부정된다.

그러한 '과거'를 부단히 만들어내고 멀리하려는 시대의 중심적인 시간 의식이야말로 '공룡' 스타일의 고질라를 선택하고, 만들고, 수용하게 만들었던, 가장 큰 이유였다.

고질라는 당시 시작되던 급속한 근대화, 요컨대 고도성장이라는 시대의 특유한 시간 의식을 디자인한 괴수였던 셈이다.

10. 고질라는 어째서 그로테스크한가?

이러한 시간의식은 고질라를 '공룡'으로 디자인했을 뿐만이 아니라 참으로 '그로테스크'한 공룡으로 만들었다.

사람들은 밝고 합리적인 내일을 위해서 어제를 짐짓 어둡고 비합리적인 시간으로 포착했기에 그러한 어제가 현재에 역류해 오거나 자신이 어제로 되돌려지는 것을 극도로 두려워했다. 그 공포가 또한 내일을 한층 빛나고 아름다운 시간으로 만들었다. 어제를 어둠 저편으로 봉인하려 했다는 식으로 내일과 어제 사이는 점차 멀어져서 어제를 향한 공포는 그때마다 부풀어져 갔다.

어제가 이상하고 어쩐지 무서운 시간으로 여겨졌음은 두말할 필요도 없다. 되돌아가고 싶지 않은 만큼 과거는 꺼림칙하고, 끔찍하고, 소름이 돋을 정도로 싫은 시간의 표상이 됐다. 고질라를 만들며 "가능한 무서운 것으로"라는 컨셉을 잡았다고 하는데, 그러한 모티프는 이와 같은 '과거'의 경우에도 해당된다.

고질라의 얼굴, 신체의 그로테스크함은 시대가 산출해낸 꺼림칙하고 무서운 '어제', 즉 과거의 이미지와 정확히 대응한다고 해도 좋다.

다시 말하자면, 고질라의 그로테스크함은 그 시대의 시간의식이 산출해낸 것으로 고질라의 본래 속성이 아니다.

"공포의 고질라"는 과거를 공포로 인식하는 사람들에게만 공포의 고질라였다.

11. 질서의식의 형성

내일과 어제의 시간 의식이 그대로 질서의식과 겹쳐지는 것은 명확하다. 과거를 멀리할 수 있었던 이유는 내일로 이어지는 오늘의 생활이 상당 부분 형성돼 있었기 때문이다. 다시 말하자면 지켜야 할 질서를 완전한 형태는 아니지만 사람들이 손에 넣기 시작했다고 할 수 있다.

1960년 전후부터 순문학 분야에서는 전쟁 직후부터 계속 이어진 '전쟁'을 테마로 한 작품이 감소하고 '가정'을 중심적인 무대로 한 '소시민'적인 작품이 주목을 받기 시작했다. 붕괴, 해체, 죽음이라는 비일상적인 세계로부터 가정 안의 소소한 일상적인 세계 등으로 사람들이 처한 환경이 변화했음을 보여주는 변화이기도 하다.

변화에 발맞춰 다양한 가전제품이 가정으로 들어오기 시작했다. '가전 메이커'라는 말도 이때부터 쓰이기 시작했다. 가전도구 원년으로 불린 시기는 1953년이다. 산요전기가 일본 최초의 분류식 전기세탁기를 발매했고 여러 회사가 경쟁적으로 전기냉장고를 발매하기 시작했다. 여기에 전기세탁기를 더해 '3종의 신기神器'라 칭한 사실은 널리 알려져 있다. 이것은 새로운 시대와 생활 질서를 향한 통로였다.

1955년에는 이후 주택의 원형이 되는 일본주택공단이 발족하며, 처음으로 'DK다이닝 키친' 표시가 사용됐다. "스테인리스가 빛나는 키친 세트"라는 카피가 화제로 떠올랐고 스테인리스 부엌이 문화

생활의 상징처럼 여겨졌다.

공습으로 파괴된 대도시에도 차례차례 새로운 근대적인 빌딩이 올라가고 도로가 정비돼 갔다.

파괴된 질서의 기억보다도 과학기술이라는 새로운 신神에게 인도된 질서를 향한 기대와 실감이 사람들 내부에서 강해졌다.

그로테스크한 것은 질서로부터 제외되거나, 질서를 붕괴시키거나, 질서를 위협하는 상징이다.

거꾸로 말하면, 과잉될 정도로 질서를 바라는 의식과 아름답고 정연한 질서의 밖 혹은 주위로 질서정연한 이미지와는 반대의 그로테스크한 이미지를 그려나갔다. 질서를 희구하는 의식은 질서를 조금이라도 훼손할 가능성이 있는 것을 모두 공포의 존재인 그로테스크한 것으로 간주한다. 예를 들어 근대적인 생활의 상징이라 할 수 있는 반짝반짝 빛나며 매끈매끈한 스테인리스를 집 안에 들인 사람들에게 집을 위협하는 것은 검고, 울퉁불퉁하고, 거대한 그로테스크한 '공룡'의 이미지이다. 고질라는 시간의식과 함께 질서의식 속에서 이 시대 사람들이 만들어낸 괴수이다.

고질라의 그로테스크한 신체는 이 시대 사람들이 품고 있던 공포의 결정체였다. 아직 완전히 질서 안에 몸을 넣고 있지 않은 사람들에게 도망쳐 나가고 싶은 상황의 상징이 고질라였다면, 사람들 또한 반쯤은 고질라였다고 말할 수 있지 않을까?

우리는 종종 안일하게 물건을 파괴하고, 공포를 품고 물건을 만들어낸다.

12. 뒤이어 자위대가 나타났다

『방위연감』[1955]에 실려 있는 "1954년 역사" 항목 "일본의 내외정세"는 다음과 같은 문장으로 시작한다.

우리나라의 방위체제는 1954년 들어서 크게 약진했다. 미국의 상호안전보장법에 의한 원조[MSA원조]를 약속한 일미상호방위원조협정이 성립되었고 그에 따라서 일본은 상호안전보장법 제511조 A항에 규정된 군사적인 모든 의무를 지게 되었다. 대일평화조약 제5조에 따른 자위권의 확인, 더 나아가 일미안전보장조약에 의한 방위력 점증 기대라고 하는 이른바 소극적인 표현으로부터 한 발 더 나아가서, 방위력 진전이 추상적인 표현이기는 하지만 의무로서 채택되기에 이른 것은 정부가 여전히 '방위력 점증'이라는 노선을 택하고 있다고 해도, 객관적으로는 재군비태세를 향한 기초가 놓였음을 의미한다. MSA원조와 병행해서 장기방위계획도 당연히 채택돼 보안청 하에 있는 보안대의 증강은 방위청 아래에 자위대가 발족하는 것으로 이어졌으며, 새롭게 항공 병력을 더해서 육해공 3군 방식이 채택됐다. 더 나아가서 국방회의, 통합막료회의의 신설, 예비 자위관 제도의 설정으로 이어졌다. 요컨대 방위청은 "평화와 독립을 지키고 국가의 안전을 지키는 것"이 임무이고, 자위대원은 "유사시에 위기를 돌아보지 않고 온몸으로 책무 완수를 위해 노력한다"는 내용을 선서하고, 양과 질 모든 면에서 증강돼 명실상부한 '군대'로 한 발 더 전진했다.

여기에 이르는 '군대'의 형성과정을 간단히 확인해 보자.

1950년 7월 맥아더는 요시다 시게루 수상 앞으로 보낸 서간에서 7만5천 명의 국가경찰예비대 창설, 해상보안청 8천 명 증원을 지시.

같은 해 8월 경찰예비대 명령 공포. 같은 날 시행. 경찰예비대라고는 하지만 국가지방경찰이나 자치단체 경찰과는 달리 정부 직속으로 비상사태가 선언되면 치안유지 등 행정경찰로서의 임무를 수행해야 했다.

1952년 7월 보안청법 공포. 경찰예비대를 보안대육상에 재편 및 강화하고, 해상경비대를 결합했다.

1954년 6월 방위청설치법, 자위대법 공포. 보안대와 경비대를 개조해서 육상자위대와 해상자위대가 되었으며, 여기에 새롭게 항공자위대가 추가돼 자위대가 발족했다. 당초 규모는 자위관 약 15만 명, 함선 5만8천 톤, 항공기 204기 등.

이렇게, 마침내, 고질라 영화에서 이른바 반드시 그리고 항상 패배하는 것을 숙명적으로 짊어진 자위대가 만들어졌다. 고질라 영화에서 자위대는 '방위대'로 등장한다.

군대를 모르는 전쟁 후의 아이들은 고질라 영화와 괴수 영화를 보며 처음으로 호들갑을 떨었지만, 고질라의 강대함을 부각시키기 위해서만 등장하는 '방위대'라는 이름의 국군과 만나게 된다.

약한 자위대?

하지만 정말로 그럴까?

13. '방위'하는 사람들의 출현

자위대는 많은 이들의 격렬한 반대를 무릅쓰고 강행해서 탄생했다. 자위대라는 이름의 '국군'을 많은 사람들이 반대했었다.

"직접 침략을 막는다"는 임무를 내세우면서 좌우사회당[1]이 "자위대는 명확한 전력을 보유하는 군대이므로 헌법위반이다"라고 비판한 것을, 정부는 "헌법이 금지하고 있는 것은 전력戰力이다. 자위대에게는 아직 그럴만한 실력이 없으므로 헌법 위반이 아니다"라고 했다. 정부는 자신들이 내세운 '임무'를 방기하는 것을 확약하는 말로 도망칠 수밖에 없었다.

당시 많은 사람들은 이 "전력 없는 군대"라는 궤변을 웃음꺼리로 만들 수 있을 정도로 건전한 비판의식을 품고 있었다.

그렇다고는 해도 "전력 없는 군대"를 웃음거리로 삼았던 사람들 또한 과거를 내던지는 시간의식을 품고, 소소하지만 이미 지켜야

---

1   [역자 주] 당시 좌우 양파 모두 '일본사회당'이라는 명칭을 사용했었다.

할 무엇인가를 소유하기 시작했다. 따라서 질서의식을 굳건히 만들어가던 사람들이기도 했다.

이는 반드시 사적인 질서를 지키는 것과 국가의 질서를 방위하는 것이 모순됨을 의미하지는 않는다. 확실히 양자는 모순되고 대립하며 존재한다. 하지만 이는 사적인 질서를 국가가 위협할 때에만 해당되며, 국가의 질서가 외부의 적에게 위협받을 때에는 사적인 질서를 지키기 위해서 국가질서를 방위하는 것을 방해하는 방향으로 나아가지는 않는다. "질서 방위"라는 의식은 항상 그러한 무차별적이고 무의식적인 방위로 확대될 위험성을 포함하고 있다.

따라서 이 시대의 많은 사람들은 꺼림칙한 전쟁의 기억으로부터 국가의 위협에는 과민하게 반응해도, 사적인 질서의식을 품기 시작함으로써 무제한으로 확장하는 '방위'라고 하는 관념, 더 정확히 말하자면 '방위'라는 기분에 명확하지는 않지만 의식을 품은 채로 포획되고 있었다.

'방위'하는 사람들의 등장인 셈이다.

질서의식이 방위하는 기분을 만들어내고, 그것이 '자위대'라고 하는 실로 교묘한 명칭을 부여받은 군대의 탄생을 지탱했다. 이는 1954년부터 현재에 이르기까지 변하지 않은 체계이다.

또한 과잉된 질서의식이 고질라를 공상의 저편에서 불러들인 것처럼 자위대도 또한 고질라를 불러들였다.

고질라 영화 중에서 고질라가 출현하는 상황에서는 반드시라고 해도 좋을 정도로 '방위대'가 기다리고 있다. 다만 그것이 얼마나 부자연스러운지를 우리가 느낀 것은 그런 필연성 때문이다.

고질라 영화에서 '방위대'는 사람들의 과잉된 질서의식의 상징이라 하겠다.

그것이 고질라를 불러들인다. 고질라는 어디에 있어도 이러한 질서의식을 탐지해 내며, 그것을 파탄내기 위해 찾아온다.

14. 데이터 ③ 고질라는 질서의 상징을 파괴한다

따라서 고질라가 파괴하는 대상은 일본 전 국토도 대도시의 모든 영역도 아니며 질서의 중추와 그 상징이라 하겠다. 요컨대 과학 기술에 선도된 밝고 합리적인 내일을 약속하는 장소와 건물이 고질라의 파괴대상이다.

〈고질라〉에서 고질라가 파괴한 주요 건물은 다음과 같다.

· 마쓰자카야 백화점

· 긴자 와코빌딩의 핫토리시계탑

· 일본극장 빌딩

· 유라쿠초의 고가선高架線

· 경찰청대책 본부 빌딩

· 텔레비전 송신탑

· 국회의사당(파괴 장면에서 관객들의 박수 소리가 터져나왔다고 한다)

이 건물들은 틀림없이 전후 일본 사회가 앞으로 지향해야 할 사회의 모습을 선취한 건물이었다. 고질라가 일본 천황天皇이 사는 황거를 파괴하지 않은 것은 이런 문맥에서 보자면 "지향해야 할 사회"의 상징으로서 이 시대가 명확히 인지하지 못 했던 것인지도 모른다. 이윽고 이러한 오인이 사회와 고질라를 무겁게 덮쳐눌렀지만.

물론 고질라는 오도섬 민가를 파괴하고 도쿄 상륙 후에도 무수히 많은 집들을 파괴했다. 사람들의 생활을 파괴하기는 했지만, 구체적인 장면이 많지 않아서 그것이 중점적으로 정성껏 그려져 있다고는 도저히 말할 수 없다. 오히려 고질라는 그것을 최대한 피하고 있는 것처럼 보인다. 아마도 그런 민가는 현존하는 질서의 작은 단위이기는 해도 질서 유지에 필수불가결한 건물은 아니었을 것이다.

우리가 고질라라는 존재의 그로테스크한 모습이나, 질서를 파괴하기 위해서만 찾아온다는 어쩐지 으스스한 존재감에 공포를 느끼기는 해도, 실제로는 그러한 파괴 행위에 신변의 위험을 느낄 정도의 공포를 느끼는 일이 의외로 적은 이유는 무엇일까? 아마도 그것은 고질라가 파괴할 건물을 선별하고 있음을 잘 알고 있기 때문이다.

15. 고질라는 사람을 습격하지 않는다

고질라는 사람들의 생활을 직접 노려서 덮치지 않는다.

이는 고질라가 사람을 습격하지 않음을 의미한다.

물론 고질라가 습격할 때 사람들이 목숨을 잃는 일이 절대로 없다는 뜻은 아니다. 놀랄 정도로 많은 사람들이 죽었다.

하지만 그 죽음은 어디까지나 거대 건축물을 파괴할 때 불행하게도 초래된 결과이지 고질라가 처음부터 사람을 노리고 사람을 쫓아다니며 사람을 물어 찢은 행위의 결과는 아니다.

다만 〈고질라 VS 킹콩〉1991에서 고질라의 원형인 고질라자우루스라는 공룡이 1944년 일본군의 라고스섬 수비대를 습격하는 미군 상륙부대를 쫓아다니며 밟아서 부수고, 결국 전멸시키는 내용은 확실히 있었다. 하지만 이것은 어디까지나 고질라자우루스라고 하는, 아마도 고질라 자신과는 관련이 없는 생물의 일시적인 만행의 결과다. 하지만 같은 작품에서 고질라는 본래 라고스섬 수비대장이었던 전후 일본경제계의 최고 실력자를 정면에서 노려본 후에 열선을 발사해서 한순간에 태워 죽인다. 〈고질라 VS 킹콩〉의 고질라(및 고질라자우루스)는 고질라답지 않은 고질라이다.

하지만 고질라라고 해도 단일하고 자명한 괴수가 아닌 이상, "사람을 습격하지 않는다"는 정의는 절대화하지 않는 편이 좋다. 때로는 사람을 습격하는 일도 있을지 모른다. 그러한 '위태로움' 때문에 고질라는 23가지 형태의 고질라로서 현재에 이르기까지 살아남을 수 있었기 때문이다.

그러니 이렇게 불러보자. 고질라는 사람을 좀처럼 습격하지 않는 괴수라고. 그러한 특성에서 고질라의 성격을 파악할 수 있다.

16. 우리 모두에게 사고思考를 재촉하는 대괴수

위와 같은 관점에서 다음과 같은 비교가 가능해진다.

미국인 영화 각본가 안드레아 헤시그Andrea Hessig는 "외국인도 보고 있다. 고질라는 버릴 게 없다"라는 짧은 글에서 미국의 몬스터 혹은 괴수와 일본의 고질라를 비교하며 다음과 같이 썼다.

> 미국의 괴수는 〈에일리언3〉을 봐도 알 수 있는 것처럼 인간을 적으로 해서 명확한 목적 하에서 습격해 온다. 사악하게도 인간 고유의 문화까지 파괴하려 한다. 하지만 방사능 광선으로 도시를 불태워버리는 고질라가 문명을 파괴하기는 해도, 기본적으로는 괴수끼리의 싸움이 중심이지 인간의 '문화'를 노리지는 않는다.

〈에일리언〉과 〈고질라〉를 이러한 관점에서 비교하는 방식은 무척 흥미롭다.

미국 몬스터들이 '인간' 세계 바깥에 있으며 인간에게 미지의 존재인 것에 비해, 고질라는 '인간' 세계의 안쪽에서 우리에게 이미 알고는 있지만 반드시 자각하고 있지 않은 수수께끼이다. 따라서 미국의 몬스터가 인간을 절멸시킬지도 모르는 데 비해, 일본의 괴수는 인간을 각성시키기는 해도 절멸시키는 일은 있을 수 없다.

에일리언들은 인간이 상관하고 개입하지 않으면 바로 해결된다. 그렇기에 에일리언은 우리를 깊게 사고하게 만들지는 못 한다.

고질라는 우리가 관련짓지 않고 살아갈 수 없는 존재이다. 고질라는 우리가 있는 곳에는 반드시 존재한다. 고질라는 우리가 사유하지 않고 그냥 지나치기에는 너무나도 가깝고 너무나도 길게 우리와 함께 해 왔다. 그것을 신기하게도 우리는 조금도 이상하게 생각하지 않았다.

하지만 이것은 조금 더 뒤의 이야기에 속한다.

우리는 고질라가 오는 밤으로 다시 한 번 돌아가야만 한다.

17. 모두 고질라가 가르쳐줬다

고질라는 과학기술이라는 새로운 신에게 이끌려가는 사회에 출현했다. 번쩍번쩍하며 매끈매끈한 새로운 시대의 이미지와는 달리 고질라는 짐짓 강조된 그로테스크한 용모와 자태로 출현했다. 또한 고질라는 새로운 시대의 질서의식을 내면화하고 그 질서를 지키기 시작한 사람들의 눈앞에 출현했다.

따라서 이 시대의 압도적 다수인 사람들에게 고질라는 틀림없이 적대자며, 파괴자로서 의식됐음이 분명하다.

961만 명. 도호가 발표한 〈고질라〉의 정확한 관객 동원수다.

거의 1000만에 가까울 정도의 많은 관객들은 그렇다면 "적대자, 파괴자"를 확인하기 위해서만 영화관으로 갔던 것일까? 당시 관객의 이야기에 따르면 하루에 세 번 반복해서 봤는데도 질리지 않았다고 한다. 그렇다면 이처럼 열광적인 관객도 또한 "적대자, 파괴자"로서의 고질라를 확인하기 위해서 반복해서, 반복해서 영화를 응시하고 있었던 것일까?

분명히 그렇게도 해석됐다.

그렇지만 여기서 오해하면 안 되는 것은 이런 관객 중에 앞서 과학기술이 불러오는 밝음과 합리성이 '과거'를 '태고'로 만들어버렸다는 시간의식과 '방위'를 의식하기 시작한 질서의식이, 또한 이 시대의 번쩍번쩍하며 매끈매끈한 이미지가 확고한 것으로 존재했냐고 한다면 꼭 그렇지만은 않았다고 말할 수 있다.

만약 그렇고 한다면 사람들은 무엇이 '적대자'이며 '파괴자'인지를 사전에 다 알고서 다만 그것을 확인하기 위해서 영화관에 가서 긴 행렬을 아랑곳하지 않고 입추의 여지가 없는 영화관 안에서 스크린을 가만히 응시하고 있었다는 말이 된다.

"생각했던 바로 그 녀석이다. 우리가 만들어낸 것을 파괴하는 것은"

"상상했던 그대로 기분 나쁘다. 이 녀석은!"

만약 이러한 기분을 느낀 관객이 1,000만 명 가까이 있었다면, 그것이 더 기분이 나쁜 일이다. 자명한 것을 확인하면서 조금의 동요도 느끼지 않는 자신의 상식을 뽐내는 방만한 상식주의자들만 가득하기 때문이다.

하지만 현실은 그렇지 않았다.

1,000만 명에 가까운 관객들은 대부분 놀라움에 가득 차 있었다. 눈앞에서 펼쳐지는 "어디에도 없는" 장면 하나하나에 "어엇!" 하는 떠들썩한 탄성이 울렸다는 경험담 그대로, 사람들은 무척 동요하고 있었다. 반복해서 반복해서 봐도 놀라움은 계속됐다.

어두운 영화관 안에서 지금까지 들어본 적도 없는 무시무시한 포효가 울리면서 시가지를 파괴해가는 고질라라고 이름 붙여진 괴수를 보는 경험은 놀라움 그 자체였으리라. 고질라와 만나고 처음으로 사람들은 "적대자·파괴자"가 무엇인지를 눈치 채기 시작했다. 보다 정확하게 말하자면 "적대자·파괴자"의 편린이 확실히 보이기 시작했다고 할 수 있다.

18. 질서의 윤곽 그리기에 이용된 고질라

고질라를 매개로 알게 된 것은 "적대자·파괴자"의 모습만은 아니었다.

"적대자·파괴자"를 인지한 것은 말할 필요도 없이 적대시되고, 파괴되는 이쪽에서의 인지이기도 하다. 요컨대 사람들은 고질라를 인정하면서 스스로의 모습을 아마도 처음으로 인정했다고 할 수 있다. 영화관 안에서 퍼져나갔다고 하는 "어엇"이라는 떠들썩한 소리는 고질라를 향해서만이 아니라 사람들 자신이 처음으로 인정한 모습을 향해 낸 소리였음이 틀림없다.

'자신의 모습'은 물론 사람들 눈에 보이는 신체가 아니다.

사람들은 고질라와 직면한 후 처음으로,

전쟁과 아직 그렇게 멀리 있지 않았기에 맹렬한 속도로 그것으로부터 멀어져야만 하는 것,

마침 '근대화'의 시간의식이 '과거'를 '태고'로 바꿔나가고 있었던 것,

질서의식이 만들어져 가고 있었던 것,

'방위'의식 또한 그와 함께 고양돼 가고 있었던 것,

과학기술이라는 새로운 신이 같은 편이었던 것,

또한 이 시대가 번쩍번쩍 매끈매끈한 금속에 의해서 코팅되고 있다는 무언가 눈부신 느낌 등등을 자각했다.

이처럼 오늘날에는 아직 "어디에도 없지"만 미래에는 실현될 것이 분명한 시대의 모습을 고질라가 알려주었다.

우리는 종종 잃어버리고 나서야 처음으로 그 소중함을 알게 되는 일을 경험한다. 부서진 후 처음으로 그 존재를 눈치 챌 수 있다. 반대되는 것이 나타나고서야 처음으로 반대가 아닌 이쪽의 모습을 알아차린다.

만약 고질라 덕분에 사람들이 살아가는 시대와 질서 전체의 윤곽이 명확히 그려졌다고 한다면, 고질라는 파괴하면서 실제로는 질서의 윤곽을 명확히 해서 사람들에게 질서를 방위할 필요성을

가르쳐준 셈이 된다.

이러한 사실을 고질라는 눈치 채고 있었던 것일까?

고질라의 출현으로 그때까지는 어쩐지 필요하다고 생각하기 시작했던 '방위'가 필요함을 확신하고 구하는 단계로 넘어간다. 시간의식이 명확해지고 과잉된 질서의식이 한층 과잉되고, 과학기술의 발전이 더욱 요구된다. 그렇다면 파괴하는 고질라는 사람들에게 실상의 파악을 재촉하는 것으로, 이 시대에, 즉 방위에(자위대에라고 해도 좋다), '근대화'의 시간에, 사회 질서에, 과학기술의 발전에, 이른바 필수불가결한 존재로 자리매김했다고 할 수 있다.

의도하지 않고 오히려 완전히 반대의 것을 하고 있다고 믿으며 적대적인 상대를 돕고, 상대에게 봉사하고 있는 셈이다. 그것을 보완작용이라고 한다면 고질라가 의도하지 않고서 실천한 것도, 이 시대의 중심적인 동향에 보완작용을 한 것임에 다름 아니라고 해도 틀린 말은 아니다.

19. 하지만 고질라의 파괴는 쾌락이었다

아무리 고질라의 움직임이 고질라의 적을 이롭게 했다고 해도 고질라가 그 정도밖에 되지 않았다고는 볼 수 없다.

고질라의 반격이 시작됐다.

고질라의 파괴를 눈앞에서 보면서 당시 사람들이 "기분이 좋았다"라거나 "마음이 상쾌해졌다"거나 "즐거웠다"라는 마음가짐을 품었다는 이야기는 지금도 전해지고 있다. 지금까지도 전해지고 있다는 사실은 과거부터 지금까지 꽤나 많은 사람들이 같은 마음을 품고 있었다는 뜻에 다름 아니다.

공장을 파괴하고, 철교를 파괴하고, 긴자의 거리를 파괴하고, 달리는 열차를 파괴하고, 티비타워를 파괴하고, 순찰차를 파괴하고, 방위대를 궤멸시키고, 국회의사당을 파괴한다. "공포의 고질라"가 행하는 파괴 하나하나에 사람들은 "쾌락으로서의 고질라"를 느꼈다.

두 번째 영화인 〈고질라 역습〉1955에서 안기라스와 대결하며 일찍이 나타났고, 세 번째 영화인 〈킹콩 대 고질라〉1962부터 명확해졌으며, 그 후 싸움의 기본이 되는 대 괴수전투에 나오는 레슬링과 같은 쾌락은, 대결괴수가 없었던 〈고질라〉에도 이미, 아니 그보다는 파괴의 '쾌락'을 순수하게 표출한 것으로서 분명히 존재했다.

거꾸로 말하자면 "쾌락으로서의 고질라"는 때로는 '프로레슬링' 같다면서 야유를 당하면서도 반세기를 넘긴 고질라 영화 시리즈로 계속 살아남았다. 하지만 프로레슬링 같다는 말이 어째서 모욕적인 말인지는 의문이다.

1964년에 나온 〈3대 괴수 지구 최대의 대결〉에서 시작되는 지구를 방위하고, 도시 파괴를 현저히 적게 하며, 어린 괴수 미니라에게 조기교육 흉내를 내는 '선한 고질라', 혹은 애완 고질라 중에서도 이러한 "쾌락으로서의 고질라"는 그럭저럭 살아남았다. 물론 '쾌락'의 정도는 믿기지 않을 정도로 낮아졌으며, 뻔뻔함과 구별하기 힘들 정도였다고 해도 말이다. 그러한 의미에서 우리는 고질라를 어쨌든 지속하게 해준 '선한 고질라'에게 감사해야만 한다.

20. 영화적 투쟁의 스테이지

파괴하고 투쟁하는 "쾌락으로서의 고질라".

이러한 표현을 놓고 "산뜻할" 정도로 "어리석은 기분전환"으로 과장이 심하다는 비난이 꼭 일어난다. 조금 더 격렬한 비난에 이르면 "일상의 불만을 그저 해소해 버리는 저급한 작품", "이런 괴수가 날뛰며 자유롭게 활보하다니 더없이 어리석다"는 식이다.

대중문화를 놓고 어디인지도 모를 '높은 장소'에서 마구 던지는 실로 판에 박힌 비난이라 하겠다.

말할 것도 없이 고질라 영화에서 고질라의 파괴도, 투쟁도, 완전히 고립된 채로 행해지는 것은 아니다. 고질라의 파괴와 투쟁은 도시를 중심으로 한 사회 질서를 방위하려는 힘과 정확히 대응하고 있다.

다시 말하자면 고질라 영화를 스테이지로 해서 질서를 방위하려는 힘과 질서를 파괴하려는 힘이 격렬하게 맞부딪치고 있다.

이는 고질라 영화거나, 반전문예영화거나, 애니메이션이거나, 학교를 무대로 한 영화라도 해도 완전히 똑같이 가능하다. 또한 그것은 영화에서도, 연극에서도, 문학에서도, 철학 이론에서도, 경제학에서도, 문화인류학에서도, 전혀 달라지지 않는다. 고질라 영화

에서 그러한 투쟁의 스테이지를 감지하지 못하는 자가 철학 이론
에서 이를 감지하는 것은 불가능하다. 아니, 그 반대인지도 모른다.

언뜻 보기에 "산뜻"하고 "어리석은 기분전환"으로 보이지만 스
크린에서 움직이는 영상이 사람들에게 호소하고 사람들 내부의
방위와 파괴가 생생하게 맞부딪친다. 그것은 내부에서 다른 다양
한 '무엇'이나 '사정'과 결합해서 보다 커다란 "투쟁의 스테이지"를
만들어간다.

영화적 투쟁.

그런 무대에서 고질라는 스크린 위에서 질서를 둘러싸고, 시간
을 둘러싸고, 과학을 둘러싸고, 원수폭을 둘러싸고, 피해자·가해자
를 둘러싸고, 실로 복잡하고 곤란한 투쟁을 짊어진 채 싸워 나간다.

21. 공포를 느낀 사람들의 위치

고질라의 파괴와 투쟁은 분명히 쾌락이라고 할 수 있으나, 그것
이 공포인 것도 잊어서는 안 된다.

고질라의 파괴와 투쟁은 사람들에게 우선 공포였다.

그 공포는 영화에 앞서 이 시대의 많은 사람들에게 잠재돼 있던
공포가 과잉될 정도로 만들어진 것에 다름 아니었다. 질서 안에서
지켜지고 있는 무언가를 희구하는 사람들에게 그 질서를 파괴하
는 것은 모두 그로테스크한 모습을 하고 있다.

따라서 고질라는 그 파괴와 투쟁의 훨씬 전부터 이미 공포스러운 존재였다. 또한 파괴를 시작한 고질라는 지금까지 "어디에도 없는" 공포를 불러왔다.

하지만 공포스러운 존재인 고질라의 파괴와 투쟁이 어째서 기분 좋은 감정과 쾌락을 불러오는 것일까. 공포와 쾌락은 상호적으로 향상시키는 감정이라고 해도 동일한 것을 향해 품는 감정치고는 모순돼 있다.

틀림없이 이러한 모순은 사람들 사이의 모순이며, 이는 그대로 한 사람의 내면에 존재하는 모순이기도 했다.

22. 다수자와 소수자 사이의 투쟁

사람들의 모순은 영화 안에서는 '어둠'이 출현해서 '어둠'을 말하고 '어둠'을 지지하는 몇 명인가의 등장인물, 예를 들어 오도섬의 노인, 야마네 박사, 세리자와 박사 등과, 오가타, 에미코, 친형인 마사지를 고질라에게 잃은 오도섬의 신키치, 거리를 도망쳐 다니며 "빌어먹을, 젠장" 하며 신음하는 시민들, 그리고 방위대 등과의 사이에 존재하는 모순으로 그려져 있다.

압도적 다수를 차지하는 고질라 공격 찬성파에 비해 '어둠'에 속한 사람들은 극히 일부로 보인다.

다수자와 소수자 사이의 실로 절대적인 차이라 하겠다.

하지만 시민들이 파괴하는 고질라를 멀리서 포위하며 입 밖으로 "빌어먹을, 젠장"이라고 내뱉은 말이 묘하게도 천연덕스럽게 들리는 이유는 무엇일까. 이는 그들을 감싸고 있는 '어둠' 안에 시대의 질서와 시간으로부터 배제되고, 이미 '어둠'에 침잠돼 있던 많은 사람들의 이야기가 잠재돼 있다가 일제히 고질라를 향해서 "더 파괴해줘. 더 파괴해줘"하고 말하고 있는 것 같기 때문이다. 그렇게 목소리를 높여서 "빌어먹을, 젠장"이라는 불평을 싹 지우고 있는 것은 아닐까.

사회 질서 안에 있으면서 그러한 안정을 믿는 사람들과, 사회 질서가 바깥으로 배제한 사람들과의 모순은, 그런 사람들의 내면에서도 확인되었다. 그럼에도 어떤 사람들은 고질라를 공포스러워하고 어떤 사람들은 고질라를 받아들이고 맞이했다. 이는 한 사람 한 사람의 내면에서 공포가 쾌락보다 강한지, 쾌락이 공포보다 강한지와 관련된 것임이 분명하다. 그런 의미에서 한 명의 개인은 또한 '사회적 존재'이다.

두말할 필요도 없이 그러한 모순은 고질라에 앞서 잠재적으로 퍼져나가기 시작했다. 그것이 고질라가 먼 '태고'의 어둠에서부터, 공상의 어둠으로부터 이 시대로 소화된 이유이다.

이 시대의 한 명 한 명은 각각의 위치에 대응해서 파괴하며 투쟁하는 고질라였다. 또한 동시에 한 명 한 명은 각각의 위치에 대응해서 파괴하고 투쟁하는 고질라가 아니었다고 말할 수 있다.

23. 해방으로서의 그로테스크

하지만 다수자와 소수자 사이의 차이는 거의 절대적이었다. '근대화'가 전쟁 후 사회에서 모든 이데올로기의 대립을 넘어서 군림했던 이데올로기로 느껴지지 않으면서 자명한 이데올로기였음을 새삼 확인할 수 있다.

다수자는 그러한 상황 속에서 자연스럽게 다수자가 돼 갔다. 따라서 정신을 차려보니 다수가 소수가 되는 상황 또한 결코 없는 일이라고는 할 수 없다. '근대화'는 그러한 다수자와 소수자를 부단히 산출하면서 절대적이라고 해도 좋을 정도의 힘으로 진행돼 갔다.

그러므로 소수자는 물론 자신의 내부에 얼마간의 소수자를 포함한 다수자도, 이처럼 숨 막히는 시대의 파괴를 노골적이면서도 남몰래 열망하고 있었다고 봐도 좋다.

그런 찰나에 고질라가 출현했다.

다수자에 대항하기에 고질라는 그로테스크했다. 또한 공포스러운 존재였다. 하지만 그로테스크함이야말로 소수자에게는 끝없는 해방을 불러오는 유일한 조짐이었다.

파괴하라, 고질라여.

그러한 중얼거림이 스크린의 한구석에서, 영화관의 어둠에서, 거리의 가장자리에서, 집단의 경계에서, 국가의 주변에서, 낮게 하지만 확신에 넘쳐서, 결코 하나가 아닌 소리로 들려왔다.

이윽고 우리는 그것을 억누르는 것이 마침내 불가능함을 자신의 내면에서 확실히 느끼고 있었다.

제4장

고질라는 계속 걸어간다

걷기 시작한 고질라는 바로 '실재'하는 괴수가 되었지만, 그러한 '실재'를 우리는 어떻게 확신할 수 있었을까? 공룡, 좀비, 생물, 도시, 자연 등. 그건 그렇다 치더라도 신고질라 시리즈 이후의 '자위대'는 성장을 거듭해 가는 위험한 존재로 변했다. 초능력자로부터도 일본과 미국 사이의 영상 전쟁으로부터도 멀리 떨어져서 스스로의 사멸을 전망할 수 있기까지. 걸어라 고질라, 파괴하라 고질라여!

1. 고질라는 '실재'하지만

고질라는 출현하자마자 "어디에도 없는" 공상의 괴수에서 "어디에나 있는" 실재하는 괴수가 됐다.

지금까지 고질라는커녕 스크린 가득 비춰지는 '대괴수'도 없었다. 그러던 것이 〈고질라〉가 상영된 이후 고질라라는 괴수는 일본에서 확실히 존재하는 명확한 실체로 자리잡았다. 이는 실로 놀랄 만한 일이다.

이처럼 고질라가 자명한 존재가 된 결과 〈고질라의 역습〉이 만들어질 수 있었다.

한 번 '뼈'가 됐던 고질라는 '역습'을 하면서 존재가 명확해졌다. 그 후 고질라가 반세기 이상 활보하는 것은 쉬운 일이었다.

다만 고질라가 실재하는 생물이 아니라는 사실을 잊어서는 안 된다.

지금 고질라라는 괴수가 실재하는 것보다도, 그것이 우리가 만들어낸 "어디에도 없는" 공상의 존재라는 사실이 우리를 훨씬 강하게 뒤흔든다.

그때 "어디에도 없는" 괴수를 "어디에나 있는" 괴수로 만들어낸 반세기에 걸친 기묘함이 부상한다.

그건 물론 우리의 이상함이기도 하다. 예를 들어 17번째 영화 〈고질라 VS 비오렌테〉1989에서는 고질라 세포와 장미와 죽은 귀여운 딸로부터 비오란테를 만들어내는 시라카미白神 박사가 이렇게 말하는 장면이 나온다.

> 이제 우리는 항핵抗核 박테리아도 비오란테도 만들지 않을 겁니다. (…중략…) 괴수는 고질라도 비오란테도 아닙니다. 그런 것을 만든 인간이 바로 괴수입니다. 인간이야말로 괴수입니다.

그의 말 그대로 괴수와 함께 걸어온 우리가 겹쳐진다.

하지만 "인간이 괴수"임을 알기 위해서 우리는 괴수를 만들어내야만 했다.

23마리 고질라가 걸어온 이후에 남겨진 거대한 족적이나 파괴된 것의 잔해와 함께, 그러한 이상함이 남아 있다. 극히 흔한 인상으로 '이상함'이 거기에 분명히 있다고 해도 좋다.

고질라가 걸어간 뒤를 따라 걸어보자.

2. 고질라는 어째서 '고질라'인가

그런데 애초에 어째서 '고질라'인 것일까.

"어디에도 없는" 괴수가 어째서 '고질라'라는 이름으로 불렸으

며, 우리는 어째서 그것을 수용하여 '실재'하는 존재라고 확신한
것일까?

영화에서 최초로 고질라라는 이름을 말한 사람은 〈고질라〉에 등
장하는 오도섬의 노인이다. 선박의 조난과 극심한 흉어 소식을 접
한 노인은 "고질라가 한 짓인지도 몰라" 하고 중얼거리는데, 이 고
질라呉爾羅는 섬에 예부터 전해 내려오는 전설상의 괴물이다. 또한
이 전설을 들은 고생물학자 야마네 교헤이 박사는 거대괴수에게
고질라라는 이름을 붙였다. 〈고질라〉만이 아니라 모든 고질라 영
화에서 고질라라는 이름이 어디에서 유래된 것인지를 밝히는 장면
은 이것 외에는 나오지 않는다. 요컨대 고질라라는 이름은 누군가
가 생각해낸 것이 아니라 본래부터 존재했던 이름이었던 셈이다.

그러면 실제로 고질라라는 이름을 고안한 인물은 누구였을까?
이에 관해서는 주지하는 것처럼 프로듀서인 다나카 도모유키가
다음과 같은 에피소드를 소개한 적이 있다.

도호 연극부에 용모가 괴위魁偉한 중년 남자가 있었는데 그 사람의
별명이 구지라라고 하더군요. 고릴라와 구지라고래의 합성으로 구지라
라고 해서 생각이 번뜩였는데 뉘앙스가 조금 좋지 않았습니다. 그래서
착안한 것이 '고질라'였습니다.

세간에 널리 알려져 있는 "고릴라와 구지라의 합성설"은 다나카
의 에피소드를 근거로 하고 있는 것 같다.

또한 〈고질라〉는 당초 극비리에 제작계획이 진행돼 제목도 가제로 〈G작품〉G는 자이언트으로 불렸다. 다나카가 고질라의 이름을 생각했을 때 어쩌면 가제목인 G도 염두에 있었을지 모르겠다.

고질라라는 이름이 더욱 흥미로운 것은 영어 이름으로 갓질라GODZILLA로 표기되는 점이다.

여기서 주목해야 할 것은 고질라의 스펠링 안에 D자가 들어 있는 것이다.

D는 일부러 붙여놓은 알파벳이다. 도호영업부가 〈고질라〉를 해외에 수출하려 할 즈음, 처음에는 D자를 뺀 스펠링 GOZILLA로 하려 했는데 어떤 이유에서인지 D자가 추가됐다고 한다. 이것 또한 잘 알려진 에피소드이다.

3. '근대화'라는 괴수

그러면 D는 무엇 때문에 추가된 것일까?

논란의 여지 없이 고질라에게 '신 = GOD'으로서의 성격을 부여한 것이다. 아마도 도호영업부는 〈고질라〉를 보고서 이 거대 괴수에서 신의 이미지를 발견해낸 듯하다.

오도섬 노인이 말한 것처럼 본래 고질라는 전설로 남은 괴물인 마신魔神이다.

전설상의 괴물, 해신, 마신, 거친 신, 수신獸神, GOD 등등. 지금까지 고질라에게는 다양한 '신'의 이미지가 부여됐으며 그렇게 해석해 왔다. 중요한 것은 절대자로서의 신에서 민속적인 신이나 원시 신앙적인 '신'의 이미지까지 혼합적인 성격을 논함이 아니라, 이러한 '신'의 이미지가 이미 '과거'와 관련돼 있음을 확인하는 것이다.

이러한 '전설'과 '원시 신앙'도 고질라의 모습이 보이는 '태고의 세계'와 마찬가지로 '어제'를 먼 저편의 어둠으로 보내고, 무엇이든 던져버리는 '근대화'가 우리에게 과잉될 정도로 인식시킨 '과거'이다.

또한 고질라가 어떤 종류의 '신'으로 인지된 것은 '근대화'가 새롭고 절대적인 '신'이었음을 말해주는 것임이 틀림없다.

이러한 '신'에 맞설 수 있는 존재는 과거의 '신'밖에는 없다는 뜻이 아닐까. 그렇게 생각하는 것도 '근대화'를 넘어서리라 믿었던 초거대 '공산주의라는 요괴 = 괴물'도 '근대화'와 함께 걷다가 이윽고 '근대화' 속으로 사라져 버렸음을 잘 알고 있기 때문이다. 여하튼 '근대화' 세계에 있는 한 우리는 고질라와 떨어져 나갈 수 없다.

4. '생물'로서의 고질라

고질라는 정말로 공룡일까? 어떻게 소생했을까? 고질라의 신체는 어떻게 구성돼 있나? 최근의 공룡붐과 함께 최근 이러한 고질라의 기원을 둘러싼 생물학적인 접근이 다양한 형태로 이뤄지고 있다. 그 대표적인 연구가 문예춘추에서 펴낸 『고질라 생물학 서설』1992이다.

고질라의 '실재'를 확고하게 만들기 위해 기원과 신체 구조를 생물학적으로 '해명'하는 일은 중요하다고 본다.

하지만 그러한 생물학적인 접근이 성립되기 위해서는 무엇보다도 우선 고질라가 '생물'이라는 전제가 있어야만 한다. 고질라는 '신'인 동시에 '생물'이다. 도대체 어떤 이유로 고질라가 '생물'로 여겨지고, 어째서 우리는 그것을 '생물'로서 극히 당연하게 받아들이고 있을까?

고질라를 태고적 공룡의 변종mutant이라고 결론낸 인물은 야마네 박사다. 그의 학설을 따르자면 고질라는 다음과 같이 정의된다. 다나카 도모유키가 감수한 『최신 고질라 대백과』학습연구사의 간결한 기술을 빌려보자.

고질라-쥐라기부터 백악기에 걸쳐 극히 드물게 생식했던 해서海棲 파충류로부터 육상 수류獸類로 진화하려는 중간형 생물의 공룡. 해저 동굴에서 그들만의 생활을 영위하며 현재까지 생존하다가 거듭되는 수소폭탄 실험으로 거처가 파괴당하고 방사능에 노출돼 변이했다. 입에서 체내의 방사능을 뿜어내며 방사능 화염으로 모든 물질을 불태운다.

이 정의는 이후 고질라 영화에서 확고하게 자리를 잡았지만, 18번째 영화 〈고질라 VS 킹콩〉1991에 이르러 마침내 고질라의 전신인 고질라자우루스 공룡의 존재가 확인되었다.

고질라자우루스는 몸길이 12미터, 체중 8톤의 티라노사우루스형의 공룡으로 마셜제도 라고스도에 살아남았다. 발견된 것은 1944년이다. 1954년 벌어진 비키니 환초 부근의 수소폭탄 실험에 의해 거대한 생명체로 변이해서 고질라가 됐다.

이상이 고질라 영화에서 알 수 있는 '고질라의 기원'에 관한 정보다. 극히 적은 정보지만 이것만으로도 우리는 고질라가 공룡, 그것도 해서 파충류에서 진화한 공룡의 변이체라고 판단할 수 있다.

5. 로봇과 생물, 지구와 우주

괴수는 생물 유형의 괴수와 로봇 유형의 괴수로 크게 나눌 수 있다.

고질라는 말할 필요도 없이 생물 유형의 괴수이며, 고질라 영화에는 안기라스, 라돈, 모스라 등 같은 유형의 괴수가 자주 등장한다. 미국이 만든 킹콩도 물론 생물 유형의 괴수이다.

이런 생물 유형의 괴수를 세분화 하면 지구생물 유형과 우주생물 유형으로 분류할 수 있다. 괴수팬 사이에서 압도적으로 인기가 높은 킹도라 등은 고질라 영화에 등장하는 우주유형 괴수의 대표적인 존재다.

쓰부라야 에이지가 만든 티비 시리즈 〈울트라맨〉에는 발탄성인, 젯톤 등의 우주생물 유형의 괴수가 많이 등장한다.

한편 로봇 유형 괴수는 생활 본능이 없는 메카괴수이며, 고질라 영화에서는 메카고질라나 메카킹도라, 가이강 등이 이에 해당된다. 로봇 유형 괴수괴물는 고질라와 거의 동시기에 출현했던 『철완 아톰』데쓰카 오사무, 1951이나 『철인28호』요코야마 미쓰테루, 1956를 원류로 하고 있다고 말할 수 있다.

이러한 분류를 따르면 고질라는 지구생물 유형의 괴수라 정의할 수 있다. 게다가 그 전신은 티라노사우루스 유형의 육식공룡이라는 실재하는 생물이다. 여기에 고질라라는 괴수의 커다란 특징이 내재돼 있다.

고질라를 어째서 로봇 유형 괴수가 아니고 우주에서 날아온 유형의 괴수도 아닌 지구 생물 유형 괴수로 설정될 수밖에 없었을까? 고질라의 전신이 공룡이라는 것에는 도대체 어떤 의미가 있는 것인가?

그것은 아마도 다음과 같이 해석할 수 있다.

고질라가 지구생물이라는 것은 우리 인간과 겹쳐진다. 근대화가 진전되고 있는 시대 한복판에서 우리는 '과거'를 혐오하는 것만이 아니라, 어쩌면 '생물'이라는 것에 '공포'를 느끼고 그로부터 멀어지려고 했는지도 모른다.

6. 좀비의 공포

현재의 공룡학설은 장 가이 미차드^{Jean-Guy Michard}가 쓴 『공룡의 모든 것』_{소겐샤, 1992}의 정의를 따르면 다음과 같다. 괴수 고질라의 전신인 공룡은 지금으로부터 2억 3천만 년 전에 지구상에 출현해 이후 1억 6,500만 년 동안 지구상의 모든 대륙에서 지배적인 종으로 군림했다.

생태계의 정점에 서있기 위해 공룡은 진화를 계속했지만 전성기를 맞이하던 6,500만 년 전 백악기 말에 갑작스럽게 지구상에서 모습을 감추고 절멸됐다. 공룡은 그 존재 자체가 신비한 생물이다.

공룡이 절멸된 이유는 지상에 운석이 출동했다는 설과 화산활동설, 지표면 온도 저하설, 해수면이 낮아지면서 대륙이 잇닿으면서 공룡 사이에 전염병이 퍼졌다는 설 등이 있다.

고생물학자인 오바타 이쿠오^{小畠郁生}는 일본판 감수자 서문에서 "요즈음 일어나고 있는 지구 규모의 환경파괴를 보고 있노라면, 문득 우리는 최후의 공룡들과 마찬가지로 대 절멸의 시대를 살아가고 있는지도 모른다는 생각이 들 때가 있다"고 썼다.

이러한 불안도 고질라가 공룡형 괴수라는 것을 우리가 납득하고 있는 이유 중 하나인지도 모른다. 여기서 근대와 함께 지구 규모의 환경파괴가 시작됐음은 새삼 지적하지 않아도 되리라.

절멸됐던 공룡을 원형으로 한 괴수가 출현했다는 사실은 사자^{死者}의 소생을 의미한다. 가와모토 사부로^{川本三郎}나 아카사카 노리오^{赤坂憲雄}가 내린 "고질라-남쪽 바다에서 죽어간 병사들"이라는 정의는 일정 부분 수긍할 수 있지만, 지나치게 협소한 규정이라 하겠다.

요컨대 일단 사멸한 후에 다시 현세에 되살아났다는 점에서 고질라는 어떤 의미에서는 좀비이며 사령死靈과도 같은 성격 또한 있다. 살아 있을 리 없는 자가 이 세상에 나타났다고 하는 기괴함이 고질라를 보고 공포를 느끼는 밑바닥에 있다고 해도 좋다.

이것이 로봇 유형 괴수처럼 인간의 의지로 어떻게든 조정할 수 있는 괴수나, 혹은 우주 유형 괴수처럼 어딘지 알 수 없는 먼 세계에서 찾아온 괴수였다면, 고질라는 우리에게 이 정도로 현실감이 있는 괴수로 자리매김 하지 못 했을 것이며, 또한 우리의 공포를 밑바닥에서부터 끌어내지도 못 했을 것이다. 고질라는 공룡이라는 지구생물인 동시에 좀비이기도 했다. 또한 고질라의 소생을 재촉한 것은 다름 아닌 '근대'였다.

7. '거대함'의 역설

고질라의 신체적 특징으로 현저한 것은 뭐니 뭐니 해도 거대함이다.

몸길이 12미터, 체중 8톤. 또한 실재했던 육식공룡 중에서 최상위 포식자로 고질라의 모델인 티라노사우루스는 몸길이 15미터, 몸높이 6미터에 달한다.

물론 현존하는 생물 중에 고질라처럼 거대한 생명체는 없지만, 고질라가 이 정도까지 거대해진 이유를 영화에서는 거듭되는 수소폭탄 실험에 의해 방사능을 뒤집어 쓴 고질라의 몸이 어떤 돌연변이를 일으켰다는 식으로 밖에는 설명하지 않는다.

하지만 고질라가 방사능 피폭으로 거대해진 것은 영화에서 일관되게 유지되는 '사실'이다. 16번째 영화 〈고질라〉1984에서는 고질라가 이바라#原 원자력발전소를 습격해 방사능을 보급한 결과 더욱 거대해져 몸길이 80미터에 체중 5톤까지 커진다. 그 후 18번째 영화 〈고질라 VS 킹도라〉에서는 몸길이 100미터, 체중 6톤까지 성장해서 시리즈가 끝날 즈음에는 몸길이 120미터까지 자란다.

그런데 왜 고질라는 계속 거대해지고 있는 것일까?

그것은 아마도 우리와 '거대함'의 관계 때문이리라. 요컨대 인간에게 인간을 아득히 상회하는 '거대함'은 우선 공포스러운 존재이다.

우리가 고질라를 보고 공포를 느끼는 이유는 고질라가 시각적으로 지나치게 거대하기 때문이다.

첫 번째 영화 〈고질라〉에서 오도섬 야하타산 정상에 거대한 머리를 힘껏 쳐들고 우리 앞에 처음으로 모습을 드러낸 고질라. 그러한 장면에 부들부들 떤 사람도 많지 않았을까. 영화관에서 개봉할 때 이 장면에서 만원 관객의 머리가 너무나 놀란 나머지 파도처럼 젖혀졌다는 일화도 전해진다. 관객들이 고질라의 거대함에 얼마나 전율을 느꼈는지가 잘 전해온다.

하지만 사람들에게 공포를 느끼게 했던 거대함이 이윽고 고질라에게서 공포의 많은 부분을 빼앗아 가리라는 사실을 고질라는 처음부터 알고 있었을까?

8. 계속 성장하는 도시

고질라는 처음 등장했을 때 도시의 빌딩이나 건물을 아득히 내려다 볼 정도로 거대했다.

초기 〈고질라〉 영화를 보면 알 수 있듯이 고질라가 출현하는 장면에는 고질라의 키높이에 달하는 고층 빌딩이나 건물은 거의 없다. 마쓰자카야 백화점도 일본극장 빌딩도 고질라의 어깨 정도 높이밖에 오지 않아서 고질라의 시야를 방해할 정도로 높은 빌딩은 아니었다.

그러므로 고질라는 빌딩이나 건물을 내려다 볼 수 있다. 내려다 보는 것은 바꿔 말하면 우위성의 표명이다. 그렇게 해서 고질라는 인간을 계속 위압할 수 있었다. 한편 인간은 두려움과 굴욕이 담긴 눈빛으로 그저 고질라를 올려다볼 수밖에 없었다.

영화 〈고질라〉에서 유일하게 고질라와 대등하게 마주 대할 수 있는 대상은 텔레비전 송신탑에 자리를 잡고 라디오 생중계를 하고 있는 직원들뿐이었다.

여기는 MS단파무선 실황팀입니다. 고질라는 지금 이 방송을 내보내고 있는 텔레비전 송신탑을 향해서 다가오고 있습니다. 우리의 목숨도 어찌 될지 알 수 없습니다. 계속 다가오고 있습니다. 엄청난 힘입니다. 마침내 최후가 왔습니다. 여러분 안녕히 계세요.

라디오 아나운서가 최후까지 용감하게 중계를 계속 할 수 있었던 이유는 고질라를 내려다 볼 수 있는 위치의 우위성에 지탱됐기 때문이라 해도 좋다. 고바야시 도요마사小林豊昌가 『고질라의 논리』 가도카와출판, 1992에서 조사한 바에 따르면 텔레비전 송신탑의 실제 높이는 154미터, 전망대의 높이는 79미터다.

고질라에게 도시나 인간을 내려다보는 시선은 스스로의 절대적인 위치를 드러내는 증거였다. 하지만 시간이 지나 영화가 계속 제작되는 사이에 이러한 절대성도 조금씩 위태로워진다. 고도성장에 따라 도시의 근대화에 가속도가 붙고 여기저기에 고층빌딩이 무리지어 출현했다.

이렇게 되자 고질라는 자신의 거대함만으로 인간을 위압할 수 없어졌다. 도시가 거대화되고, 빌딩이 고층화되는 속도에 따라 고질라는 상대적으로 작아져 갔다.

세 번째 영화인 〈킹콩 VS 고질라〉1962 이후 고질라는 도시 파괴자로서의 성격이 현저히 약해지며, 싸움의 무대는 도시에서 라이벌 괴수가 있는 장소로 바뀌었다.

그 후 고질라의 신장은 더욱 커져서 80미터, 100미터, 120미터까지 자란다. 하지만 그 정도의 성장으로는 고층빌딩이 급성장하는 속도에 대항할 수 없었다.

고질라는 점차로 빌딩이나 건물을 부수는 것에 흥미를 잃고, 도시에 나타나도 그저 통과하는 존재로 바뀐다.

고층 빌딩 사이에 묻혀서 종작없이 도시를 방황하는 고질라. 신

고질라 시리즈에 표현된 고질라의 모습이다.

과거 고질라 최대의 무기였던 거대함이 최대의 약점으로 변하고 말았다.

이 약점을 극복하기 위해 고안된 것이 고질라 축소화 계획이다. 1999년 〈고질라 2000밀레니엄〉에 등장한 뉴고질라에서는 한 번에 신장이 약 반인 55미터로 줄어들었다.

고질라의 크기는 인간이 공포를 느끼는 최대한도의 크기로 설정된 것일까?

9. 애처로운 포효

고질라의 울음소리는 저음 영역이 명료해서 마치 대지가 땅울음 소리를 내는 듯한 압도적 박력으로 넘친다.

다나카 도모유키가 쓴 『결정판 고질라 입문』소학관의 표기를 따르자면, 고질라의 울음소리는 "크아아"이다. 그 밖에도 "우오, 우오"나 "쿳, 쿳"도 있는데 고질라라고 하면 뭐니 뭐니 해도 "크아아!"가 안성맞춤이다. 〈고질라〉의 오프닝은 이 울음소리를 집요할 정도로 반복한다.

이 고질라의 소리는 물론 합성음으로 콘트라베이스 줄을 송진이 묻은 가죽장갑으로 문지른 소리를 가공한 것이다. 이 합성음을 고안해 낸 인물은 오랜 시간 〈고질라〉 음악을 담당해 왔던 이후쿠베 아키라伊福部昭다. 그는 타타탄 타타탄으로 시작하는 '고질라 테마'의 작곡가이기도 하다.

그렇다면 고질라의 울음소리에는 어떤 의미가 있는 것일까? 본래 동물이 울음소리를 내는 이유는 상대를 위협할 때, 공포를 느낄 때, 동료에게 무언가 신호를 보내려 할 때 등 다양한 경우가 있다. 고질라는 어느 경우에 해당될까. 고질라 영화 시리즈 15편 작품을 분석해 분류해 보았다.

1. 고질라가 처음으로 화면에 등장할 때 (《고질라》, 〈킹콩 대 고질라〉, 〈괴수총진격〉 등 다수)

2. 파괴, 혹은 전투를 벌일 때 (거의 모든 영화)

3. 처음으로 적과 만났을 때 (라이벌 괴수나 전투부대와 대면할 때 고질라는 반드시 포효한다.)

4. 대화, 혹은 상대와 커뮤니케이션을 하려고 할 때 (〈3대 괴수 지구 최대의 결전〉에서는 모스라와의 대화를 쇼비진小美人이 통역한다. 쇼비진은 가공의 요정이다. 또한 〈고질라 대 헤도라〉에서는 소년이 행하는 고질라 출현 예언에 호응하듯이 포효한다.)

5. 자연 속에서 배회할 때(격렬한 뇌우 속, 혹은 강한 햇볕을 등으로 받고 고질라는 자주 포효한다.)

6. 전투를 끝내고 사라질 때 (〈3대 괴수 지구 최대의 결전〉, 〈지구공격명령 고질라 대 가이간〉 등)

고질라의 울음소리로 유달리 인상적인 것은 5와 6으로, 웅대한 자연 속에서의 포효나 마지막 장면의 우렁찬 외침이 어딘가 애처롭고 구슬퍼 보인다.

그 장중한 울음소리를 듣고 있으면 홀로 어둠을 짊어지고 우뚝 솟아 있어야만 하는 애달픔, 자신이 본래 있어야 할 곳이 아닌 곳에 와버린 슬픔, 또한 끝없는 싸움을 계속해야 하는 비애와도 같은 애처로움을 느끼지 않을 수 없다.

10. 방위하는 고질라

이처럼 우리가 고질라에게서 '애처로움'을 느끼는 이유는 무엇일까? 이는 어쩌면 고질라가 한때 '선한 고질라'로 여겨졌음을 알고 있기 때문인지도 모른다.

'선한 고질라'는 다섯 번째 영화 〈3대 괴수 지구 최대의 결전〉[1964]에서 모스라에게 설득을 당해서 라돈과 함께 우주에서 습격해 오는 킹기도라에 맞서 싸우는 장면에서부터 시작된다.

또한 고질라는 그 이후 오랜 세월 동안 "자발적으로 인류를 위기에서부터 구해"주는 존재까지는 아니지만, 어떤 때는 괴수들끼리의 '투쟁본능'에서, 어떤 때는 자신의 안전한 영역을 지키기 위해, 결과적으로는 인간 편에 서서 침략자와 싸우는 지구를 방위하는 신으로 변신을 거듭했다.

이처럼 고질라 캐릭터가 도중에 변경된 것을 두고 프로듀서인 다나카 도모유키도 후일 "실패였다"고 명확히 인정했다. 그러한 반성이 첫 영화의 파괴하는 신으로서의 고질라로 되돌아가려 했던 '신고질라' 이후 영화로 이어졌다. 하지만 이러한 변화의 책임을 단순히 제작자 측에게만 물을 수 없는 사정도 있지 않을까.

고질라 영화가 '시리즈'로 존속 가능한 스토리 전개를 요구받았던 시점에서 고질라는 이미 인간세계와 어떤 방식으로든 타협점을 찾아서 공존해야만 했기 때문이다.

그런 의미에서 고질라의 전환은 이미 두 번째 영화인 〈고질라의 역습〉1955에서 시작됐다고 말할 수 있다. 이 영화에 등장하는 고질라는 아직 '공포의 고질라'이기는 했지만, 안기라스라는 새로운 적의 등장으로 인간 대 고질라라는 대립구도가 첫 번째 영화와 비교해 보면 명확히 나타나 있지 않다. 이 대립구조에는 "괴물이 나타났다. 인간이 변해라"라는 방향으로 전개될 가능성이 있었다.

이후 고질라 대 괴수라는 구도가 한층 명확히 나타나서 고질라는 차례차례 막강한 적을 맞이해 싸우는 역할을 수행했다.

11. 사회가 균질화되고 문제는 바깥으로 밀려 나갔다

다섯 번째 영화 〈3대 괴수 지구 최대의 결전〉[1964]은 도쿄에서 올림픽이 개최돼 고도성장이 정점을 맞이하고 있던 시기에 만들어졌다.

도쿄올림픽은 전후 최대의 '국민통합' 이벤트였다. 고도성장의 결과 사회 전반에 퍼지기 시작한 '풍요로움'이 국민적 이벤트를 지탱했다. 사회에 여전히 뿌리 깊게 남아 있는 다양한 모순을 능가해서 올림픽이 불러온 '통합'이 사회에 작용했다고 해도 좋다. 거꾸로 말하자면 그러한 '통합'을 허용하기까지 사회는 지금까지의 모든 모순을 억제하고 있었다.

1960년대에 제작된 고질라 8편의 영화에서 라이벌 괴수가 어디에서 왔는지를 확인해 보자.

〈킹콩 대 고질라〉 킹콩(남쪽 바다 파로섬)

〈모스라 대 고질라〉 (남쪽 바다 인판트섬)

〈3대 괴수 지구 최대의 결전〉 킹기도라(우주)

〈괴수대전쟁〉 킹기도라(우주)

〈고질라·에비라·모스라 남쪽 바다 대결투〉 에비라(남쪽 바다 고도 파로섬 연안)

〈괴수섬의 결전 고질라의 아들〉 카마키라스, 쿠몽가(남쪽바다 고도 조르게르섬)

〈괴수총진격〉 킹기도라(우주)

요컨대 고질라의 적은 모두 우주나 남쪽 바다의 고도 등, 일본 사회의 바깥에서 오거나, 혹은 바깥에 나타난다고 하는 설정임을 알 수 있다.

이는 고도성장을 실현해 나가는 사회가 균질화를 추진하는 것으로 기존의 사회적 모순을 내부에서 외부로 밀어냈음을 말해준다.

고질라는 이러한 일본 사회의 상황을 충실히 본뜨며 싸워나가야만 했다. 이는 어떤 의미에서는 고질라가 변질됐다고 볼 수 있지만, 고질라는 이 시기에 어떻게든 '괴수섬'으로 몸을 피해서 살아남을 수 있었다고도 생각할 수 있지 않을까.

12. 원자력의 평화적 이용이라는 위태로움

"가자 어디라도 평화를 위해서다 넓은 세계를 돌아다니며 목표는 나쁜 괴수다 커다란 몸에 귀여운 눈알 내일도 싸운다 우리의 고질라 힘내라 힘내라 우리의 고질라"라는 노래를 타고 고질라는 내부의 '평화'를 위해서 외부의 적과 싸운다.

수소폭탄 괴수 고질라의 평화적 이용이다.

원자력 개발이 시작된 이유는 군사 목적 때문인데, 이윽고 비군사적 목적으로 사용하는 방향으로 변화했다. 다카키 진자부로高木仁三郎

가 쓴「일본의 원자력개발」『전후사대사전』을 보면 1953년에 아이젠하워 미국 대통령이 UN에서 했던 연설「평화를 위한 원자력Atoms for Peace」이 그 표출이며, 일본에서도 54년도에 국회에서 원자력의 평화적 이용을 위한 연구 예산이 책정됐다.

그렇다고 한다면 "수소폭탄 실험이 낳은 위협적인 괴수 고질라"가 등장했던 바로 그 해에 발 빠르게 '원자력의 평화이용'(진정한 의도가 무엇인지는 별도로 하고) 계획이 수립돼 시행을 앞두고 있었다. 또한 고질라 두 번째 영화가 만들어진 다음 해1956에는 이바라키현 도카이무라東海村에 원자력 연구소가 설립되었으며 1960년대에 고질라가 부활할 즈음에는 실험단계에 구체적으로 운영 계획이 수립됐다.

"가자 어디라도 평화를 위해서다"라는 노래와 함께 출현한 1960년대의 고질라는 원자력의 평화적 이용의 '첨병'이었다고 해도 좋다.

하지만 그 역할을 맡기에는 "공룡 스타일의 대괴수"인 고질라의 이질적인 형상은 '평화이용'이라는 이미지와는 지나치게 유리돼 있었다.

지역의 반대를 무릅쓰고 각지에 원자력발전소가 건설되는 1970년대 후반 무렵 고질라는 휴면에 들어갔다. 그러다 미국 쓰리마일섬 원자력발전소 사고를 계기로 원자력발전을 둘러싼 불안감이 고양될 즈음, 신〈고질라〉1984에서 고질라는 다시 핵과 관련된 '공포의 고질라'로 부상했다. 그로부터 15년 후, 원자력의 평화이용과 관련된 상징적인 장소였던 도카이무라에서 '핵의 평화'라는 허구를 허무는 임계사고가 일어났는데, 이 사건에 뉴고질라 부활이 우연히 겹쳐진다.[1]

고질라는 핵에 홀리고, 핵은 고질라에게 홀렸다고 할 수 있다.

13. 환경오염부터 우주오염까지

고질라는 〈고질라 대 헤도라〉[1971]에서 다시 사회 내부 문제에 관여하기 시작했다. 뭐니 뭐니 해도 헤도라라는 괴수의 종잡을 수 없이 빠르게 나타났다 사라지며 모습을 바꾸는 모습이 문제의 복잡함과 확장성을 부각시키고 있다고 해도 좋다.

○ 수중에 서식하는 시기. 처음에는 유조선을 차례차례 넘어뜨린 헤도라는 거대한 둥근 모양의 자루 달린 국자와 같은 괴수입니다. 수중에 서식하는 기간입니다.

○ 상륙하는 시기. 다음으로 안개가 깊은 밤에 파충류처럼 네 발 달린 모습으로 바뀌어 굴뚝의 연기를 마시고 점점 커졌습니다. 이것이 제2의 상륙 시기입니다.

---

1 [역자 주] 임계사고는 임계초과 상태가 되면, 핵분열 반응에 의해 생성되는 중성자 수가 지속적으로 증가하는 것을 막지 못하여 방사선과 열이 급격히 방출되는 사고를 말한다.

○ 비행하는 시기. 다음으로 하늘을 나는 원반처럼 변해서, 한낮의 맑게 갠 하늘 아래 방대한 황산 연무를 흩뿌렸습니다. 이것이 비행하는 시기입니다.

○ ? 그러면 다음에는 도대체 어떤 괴수로 변해 나타날까요?

여기서 문제는 '헤도라'라는 이름에서도 알 수 있듯이 환경 문제다. 예를 들면 영화 시작 부분에서 다음과 같은 인상적인 노래가 흐른다.

새도 물고기도 어디로 갔지

잠자리도 나비도 어디로 갔지

수은, 코발트, 카드뮴

납, 황산, 수산화수소

이온, 망간, 파라시움

크롬, 칼륨, 스트론튬

더럽혀진 바다

더럽혀진 하늘

생명체가 모두 사라진 들과 산도 침묵했다

지구상 모두가 사라진다면

울 일도 없다

돌려줘, 돌려줘, 돌려줘, 돌려줘

녹지를 창공을

돌려줘, 돌려줘

푸른 바다를

돌려줘, 돌려줘, 돌려줘, 돌려줘

목숨과 태양을 돌려줘, 돌려줘

그 후 초등학생의 목소리로 이런 말이 겹쳐진다.

원자폭탄 수소폭탄 죽음의 재는 바다로 독가스 폐수 모두 모두 바다
에 버린다 오줌도 고질라가 보면 화내지 않을까 화낼 거야

여기서 원수폭과 환경오염은 과학기술의 폭주로 인해 야기된
것으로 부정적으로 여겨지며 고질라와 헤도라는 비슷한 괴수로
취급된다. "괴물이 나타났다. 인간이 변해라"라는 방향이 제시돼
있다고 봐도 좋다.

하지만 동시에 '고질라'가 인간에게 친근한 존재로 특권적으로
제시돼 있으며, 이야기는 고질라가 헤도라를 쓰러뜨린다고 하는
"괴물이 나타났다. 괴물을 죽여라" 식의 결말로 이어진다. 〈고질라
대 헤도라〉는 고질라 영화의 가능성과 불가능성을 동시에 실현한
문제작으로 기억해도 좋다.

이 작품 이후 대결괴수가 바뀌고 '공포의 고질라'가 부활하며,
더 나아가 바이오테크놀로지로부터 우주오염까지 다양한 '문제'
가 표출되어도제1장 「14 고질라는 변모한다」 참조, 가능성보다는 불가능성 쪽
이 훨씬 두드러지는 고질라 영화가 이어지기 때문이다.

14. 고질라 영화에서 'VS 괴수'론 영화로

고질라는 좋아하지만 고질라 영화는 싫다는 사람이 많다.

사실은 나 또한 그렇다.

시리즈 영화의 숙명이라고 해도 좋을 '친숙한 캐릭터'.

하지만 고질라 영화가 반세기 넘게 몇 차례의 휴지기를 맞이하면서도 차례차례 차기작을 제작할 수 있었던 이유는 친숙한 캐릭터에 기댄 안이한 자세 때문이 아니다.

본래 '친숙한 캐릭터'만으로 반세기라는 시간 동안 반복을 견뎌낼 수 있을 리 없다. 실제로 고질라 영화 역사에 '친숙한 캐릭터'에 기대서 만들어진 작품은 한 편도 없다.

오히려 반세기가 넘는 고질라 영화의 역사는 '친숙한 캐릭터'라는 이미지와 격렬한 투쟁을 반복했던 것이라 해도 좋다. 반세기 넘게 만들어진 고질라 영화는 그때그때 제작진의 창의성과 궁리와 변경과 모험의 역사였다.

이렇게 다시 말해도 좋다. 고질라 영화 차기작 제작진은 전작의 팬이 아니었다. 그렇기에 차기작 영화 제작에 들어갈 수 있었다라고.

하지만, 그렇다 해도 고질라 영화 반세기의 역사는 고질라로부터 도망친 역사였다.

고질라 영화 45년의 역사, 그 모험과 좌절의 역사를 보여주는 분류를 정리해 본다. *표 작품은 '고질라라는 존재'의 의미에, 그리고 "괴물이 나타났다. 인간이 변해라"라는 사상에 상당히 접근한 시도를 보여준 수작이다.

제1기 고질라 영화

〈고질라〉* 1954년

〈고질라의 역습〉 1955년

제2기 괴수영화

(〈고질라의 역습〉도 반쯤은 여기에 분류된다)

〈킹콩 대 고질라〉 1962년

〈모스라 대 고질라〉 1964년

〈3대 괴수 지구 최대의 결전〉 1964년

〈괴수대전쟁〉 1965년

〈고질라·에비라·모스라 남쪽 바다 대결투〉 1966년

〈괴수섬의 결전 고질라의 아들〉 1967년

〈괴수총진격〉 1968년

〈고질라·미니라·카바라 올괴수 대진격〉 1969년

〈고질라 대 헤도라〉* 1971년

〈지구공격명령 고질라 대 가이간〉 1972년

〈고질라 대 메가로〉 1973년

〈고질라 대 메카고질라〉* 1974년

〈메카고질라의 역습〉* 1975년

제3기 '고질라'론 영화

〈고질라〉 1984년

제4기 '괴수론' 영화

〈고질라 VS 비올란테〉* 1989년

〈고질라 VS 킹기도라〉 1991년

〈고질라 VS 모스라〉 1992년

〈고질라 VS 메카고질라〉 1993년

〈고질라 VS 스페이스 고질라〉 1994년

〈고질라 VS 디스트로이어〉 1995년

제5기 '일미 고질라' 시대(?)

〈갓질라GODZILLA〉 1998년

〈고질라 2000 밀레니엄〉 1999년

2000년대 이후 저자가 아닌 역자가 정리한 내용이라 시기 구분이나 *표를 넣지 않았음

〈고질라 × 메가기라스 G 소멸작전〉 2000년

〈고질라 · 모스라 · 킹기도라 대괴수총공격〉 2001년

〈고질라 × 메카고질라〉 2002년

〈고질라 × 모스라 × 메카고질라 도쿄 SOS〉 2003년

〈고질라 FINAL WARS〉 2004년

〈갓질라GODZILLA〉 2014년

〈신 고질라〉 2016년

〈고질라-킹 오브 몬스터〉 2019년

〈고질라 VS 콩〉 2021년

〈고질라-1.0〉 2023년

〈고질라×콩-새로운 제국〉 2024년

15. 무엇이 문제인가

좁은 의미의 고질라 영화로부터 괴수영화^{대결 괴수 영화}, '고질라론' 영화, '괴수론' 영화 「VS 괴수론」 영화, 그리고 '미일고질라' 시대로. 이러한 전개의 상세한 검토와 비판은 『고질라 영화사』로 정리할 예정이지만 간단하게 그 전개 과정을 정리하면 다음과 같다.

고질라 영화 23작품^{미국판은 일단 뺀다}은 고질라로부터 도망친 과정으로 보면 5기로 분류할 수 있다.

'고질라라는 존재'를 명확히 하고 "인간이 변해라"라는 것을 은밀히 바랐던 첫 작품 〈고질라〉가 공개된 후, 고질라 영화는 고질라로부터 도망치기 시작한다. 고질라라는 존재와 마주 하는 것을 고질라 영화는 포기하고 만다. 그러한 고질라 영화는 이미 고질라 영화가 아니다. 고질라 영화는 고질라를 회피하고, 대결 괴수에 관심을 돌린 괴수영화로 변하고 말았다.

영화 제목을 봐도 알 수 있듯이 첫 작품 〈고질라〉와 16번째 작품 〈고질라〉는 대응 관계에 있다. 도호 영화사의 분류에 따르자면 '고질라 시리즈'와 '신 고질라 시리즈'의 시작인 작품이 〈고질라〉로 그 이후는 양자 모두 대결 중심의 괴수영화로 변화한다. 1999년, 신·신 고질라 시리즈는 〈고질라 2000 밀레니엄〉으로 다소 뉘앙스가 다르다.

따라서 고질라 영화는 그저 고질라로부터 도망만 쳤던 것은 아니라고 말할 수 있을지도 모르겠다. 제2기 괴수영화가 막다른 길에 몰린 후, 거의 10년의 세월을 두고 고질라 영화가 다시 고질라와 마주하려 했기 때문이다.

1984년 개봉된 〈고질라〉의 캐치프레이즈는 "1954년 고질라로 돌아가라"였으며, "공포스러운 고질라의 부활"이었다. 당시 도호가 만든 광고 기사에는 작가와 카피라이터의 글이 공개돼 있다.

> 괴수 본래의 원점으로 돌아간다는 의도는 대찬성입니다. 두려움, 으스스함은 인간 본능의 원점이니까요.
>
> ― 기타 모리오北杜夫

> 과거 고질라는 어른들의 간담을 서늘하게 했던 공포스러운 존재였습니다. 저 꺼림칙한 기분은 잊을 수 없습니다. 다시 우리를 전율하게 해주세요.
>
> ― 이토이 시게사토糸井重里

하지만 고질라론이 활발히 전개된 것에 비해서 공룡 스타일의 대괴수로서의 '고질라라는 존재'는 그다지 언급되지 않았다. '고질라론' 영화인 셈이다. 그 후는 제2기와 겹쳐지는 'VS 괴수론' 영화로 변화한다.

16. 미국판 〈갓질라GODZILLA〉, 사상 최약체 고질라의 출현

고질라 영화 역사상 가장 거대하며, 가장 빠르고 또한 가장 그로테스크하며 가장 유약한 고질라가 출현했다. 다름 아닌 미국에서 에머리히 감독이 만든 고질라 첫 영화 〈갓질라GODZILLA〉다.

영화 시작 부분에는 프랑스의 핵실험에 노출된 이구아나가 반복해서 등장한다. 다만 에머리히 감독이 만든 고질라는 아무리 봐도 이구아나가 거대해진 것으로는 보이지 않는다. 굳이 말하자면 이구아나 (혹은 이구아나 이외의 것)와 인간 사이의 유전자 공학적인 결합체가 거대화된 것이다. 일본판 고질라 시리즈의 공룡 스타일을 한 괴수 고질라와는 달리, 가면라이더 시리즈에 등장하는 '괴인怪人', '수인獸人'인간과 타 동물의 신체적 특징을 한 몸에 지닌 캐릭터로 도카게(도마뱀)론, 악어수인 등을 닮은 스타일이라고 해도 좋다.

다만 스타일에서 고질라를 닮은 부분이 없지는 않다. 오브라이언에서 해리하우젠으로 이어진 스톱모션 애니메이션이라는 수법이 할리우드에서 제작한 괴수물의 특색이었다. 고질라 슈트인형탈를 입고 연기자가 움직이며 돌아다니는 일본판 괴수는 해리하우젠 등으로부터 "어린아이라고 해도 안에 사람이 들어가 있는 것을 알고 있다"는 식으로 비웃음을 샀다. 하지만 에머리히가 컴퓨터 그래픽 등의 최신 기술을 구사해서 만들어낸 고질라는 "사람이 들어가 있는" 듯한 스타일로 만들어졌다. 그런 점을 보더라도 확실히 이는 할리우드 괴수가 일본판 고질라처럼 만들어진 것이다.

그렇다 하더라도 "인간이 들어가 있는" 듯한 인상을 빼면 일본판 고질라를 상기시키는 장면은 그저 "고질라, 고질라"라고 하는 일본인 선원의 잠꼬대뿐이다. 그는 도대체 왜 "고질라, 고질라"라고 했던 것일까? 그것은 괴수라면 우선 "고질라"라고 인식하는 일본인다운 조건 반사에 지나지 않으며, 미국판 영화에서는 "사실은 고질라가 아니었다"라는 내용으로 바뀌는 것이 아닐까.

일본판 고질라와의 연계보다도 단절 쪽이 훨씬 눈에 띄는 미국판 고질라 영화이다.

17. 미일 관계가 주인공인가

"가장 거대하고……" 이외에도 많은 고질라 영화 역사 사상 최초가 있다.

예를 들면 고질라가 처음으로 미끼를 물고, 처음으로 대량의 물고기를 먹는다. 고질라가 처음으로 시가지의 도로를 질주한다. 고질라가 처음으로 미사일을 피한다. 고질라가 처음으로 대량의 알을 낳는다. 고질라의 아이 여럿이 처음으로 등장한다. 고질라가 처음으로 특정한 인간과 특정한 차를 쫓는다. 고질라가 처음으로……. 또한 고질라가 처음으로 통상적인 병기를 장비한 군대의 공격에 죽는다. 그렇다면 이러한 고질라도 고질라라고 할 수 있을까? 라는 의문이 들어도 어쩔 수 없다.

에머리히가 만든 고질라 영화는 핵의 공포 + 고속 거대 괴수 + 〈쥬라기공원〉과도 같은 리얼리티가 있다. 여기서는 유일하게 '핵의 공포'라는 요소가 일본판 고질라와 이어지는 것 같은데 '핵의 공포'는 고질라의 특허가 아니었다. 또한 고질라는 '핵의 공포'만으로 소환된 것만도 아니다. 그렇다면 에머리히 감독의 영화는 확실히 고질라 영화와는 관련이 없는 괴수영화일까?

하지만 나는 "저런 건 고질라가 아니다", "고질라를 전혀 이해하지 못 했다"라는 식의 다분히 편협한 내셔널리즘을 포함한 목소리에는 동조하고 싶지 않다.

그렇게까지 무참한 모습으로 조형되고 고질라보다 훨씬 더 그로테스크해진 고질라, 게다가 인간의 과학기술력 앞에서는 무력한 모습으로 감독을 포함해 모든 제작진에게 사랑받는 일 없이 죽어간 이 고질라에게 나는 강한 애착을 품고 있는지도 모르겠다.

과거 일본의 버블 경제 시대에 미국 잡지에 "폭주하는 일본"이 고질라로 그려진 적이 있는데, 약하디 약하고 그로테스크한 고질라는 "미국에게 습격당하는 일본"이 일상화된 시대, 이른바 "제2의

패전” 시대 일본의 상징으로 그려졌는지도 모르겠다. “저런 건 고
질라가 아니다”라는 일본의 이의 제기는 이렇게 “약해진 일본”이
라는 현실에 대한 심리적 반발과 이어져 있다.

18. 내셔널리즘적인 편견이 덮어서 숨기는 것

지나칠 정도로 그로테스크한 고질라의 무참한 죽음은 아직도
반발하는 기운이 남아 있는 일본의 내셔널한 심리를 조금도 받아
들이지 않는 고독한 죽음이라고 해도 좋다.

에머리히 감독이 만든 고질라에서 설령 그 무참한 죽임이 ‘일본’
의 현재와 겹쳐져 있다고 해도(그 가능성은 충분히 있다), ‘고질라라는
존재’ 자체는 거기서도 또한 무시됐다. ‘고질라라는 존재’를 철저
히 무시한 것이야말로 고질라를 한층 더 그로테스크하게 만들었
고 고질라의 무참한 죽음을 초래했다.

이는 사실 첫 번째 〈고질라〉가 보여준 ‘고질라라는 존재’로부터
계속 도망쳐왔던 일본의 고질라 영화의 경향을 본떠서 한층 노골
적으로 표현한 것이라고 해석할 수 있다. “저런 건 고질라가 아니
다”, “일본의 고질라와는 다르다”라는 목소리는 따라서 고질라 영
화 팬의 의견이 아니다. 또한 ‘고질라라는 존재’에 관심이 있는 이
른바 나와 같은 고질라 팬의 의견도 아니다. 고질라 팬이라면 고질
라 영화의 만듦새는 비난하더라도 고질라에게 애착을 품지 않을

수 없기 때문이다.

"일본의 고질라와는 다르다"라는 목소리가 고질라 영화 제작에 관여해 왔던 관계자의 목소리라고 한다면 그 목소리에 촉발돼 제작된 이른바 〈고질라 2000 밀레니엄〉의 뉴고질라와 관련된 당혹스러움은 쉽게 상상할 수 있다.

사상 최약체인 에머리히 감독의 고질라와, 그 반발로 탄생한 '사상 최고 최강'이라 불리는 뉴고질라.

고질라를 둘러싼 미일 영상전쟁의 시작이다.

하지만 이 전쟁에서 '고질라라는 존재'를 향한 무시가 더욱더 진행된 듯하다. 왜냐하면 고질라는 미국을 긍정하지도 않으며, 또한 일본을 긍정하지도 않기 때문이다. '고질라라는 존재'는 '문제'에 한정하더라도 미국도 일본도 부정한다. 내셔널한 마음과는 결코 공존할 수 없다.

또한 고질라가 찾아왔던 '남쪽' 섬에 대한 일본_{과거의 침략·통치}과 미국_{핵실험}이 행했던 이중의 파괴적인 관여를 덮어서 숨기는 것도 문제라 하겠다. 이러한 일본이 행했던 이중의 파괴는 마셜인_{마셜제도 사람들} 지원운동을 계속하고 있는 시미다 고세_{島田興生}의 『돌아오지 않는 낙원─비키니 피폭 40년·핵의 피해를 입고』_{소학관}에 자세히 나와 있다.

19. 점차 자위대가 강력해진다

고질라의 발자취 정리를 끝내기에 앞서 꼭 지적하고 싶은 말이 있다. 신〈고질라〉부터 파괴하는 고질라가 다소 부활했으나, 이를 훨씬 능가해서 방위한다기보다 공격하는 '자위대' 또한 강대해졌다는 사실이다.

신고질라 시리즈는 거대화된 자위대와의 관련 속에서 '국방'영화적인 경향을 현저히 강화해갔다.

신병기를 차례차례 개발하고, 정보를 조작하며, 젊은 엘리트 제복 그룹의 대활약 등등, 영화 곳곳에 그러한 자위대의 활약이 드리워져 있다고 해도 결코 과장이 아니다. 〈고질라 VS 메카고질라〉에서 명칭만은 'G포스'로 등장하지만, 그런 경향이 한층 더 진행돼 거의 '악'한 존재로 변해있다. 이어지는 두 번째 영화에서도 G포스, 자위대가 이야기 전개를 거의 지배하고 있다고 해도 좋을 정도다. 특히 〈고질라 VS 디스트로이어〉 영화 끝부분에서 내부에서부터 녹고 있는 고질라의 멜트다운을 막은 것은 다름 아닌 자위대의 냉동병기였다. 고질라보다 한 수 위의 존재로 등장하는 셈이다.

이러한 경향은 이후 더 강해져 갈 뿐 약해지지는 않을 듯하다.

고질라 영화를 시작으로 대부분의 괴수 영화는 방위청·자위대의 협력을 구해왔는데 최근 그러한 '협력'의 내실이 크게 변하고 있기 때문이다. 예를 들어 「자위대가 구해준다－방위청 〈가메라〉에 협력」『마이니치신문』 1996.6.13 조간에서는 〈가메라2－레기온의 내습〉

을 이렇게 쓰고 있다.

이른바 괴수영화지만 육해공 각 자위대가 전투와 피난 장면은 물론이고 시나리오 단계에서도 조언을 하는 등 전면적으로 협력한 이례적인 작품이다. 정치 방면의 유사시 대처 방식의 사실적인 묘사도 포함돼 스크린 이면에서 '국민의 이해'를 구하는 방위청·자위대의 든든한 선전 전략도 잘 보인다.

또한 이 기사에는 육상자위대 선전실 간부 사관이 "1990년대 이후 자위대를 보는 국민의 시선이 변했고, 영화 제작자로부터 요청도 늘었다"라고 한 언급도 실었다.

20. '국민'을 향한 불복종, '국민'의 변화를

이러한 경향에 고질라는 제대로 대응하지 못하는 것처럼 보인다. 고질라와 그 적과 자위대와의 위치 관계가 명확하지 않다. 사실 이들이 무엇을 위해 싸우고 있는지가 상당히 애매하기 때문이다.

방위력보다 공격력을 높이고 있는 이 조직에 맞서 고질라는 어떻게 대응하고 어떻게 싸울 것인가? 아마도 이것은 고질라에게 부여된 앞으로의 과제일 듯하다.

두말할 필요도 없이 고질라는 '국민 시선'의 변화를 따를 이유가 없다.

왜냐하면 고질라가 등장했을 무렵 잃고 싶지 않은 안정을 손에 넣고 방위의식을 점차 강화해 갔던 '국민' 대다수로부터 '공포의 대괴수'로서 받아들여졌기 때문이다. 고질라는 그러한 '국민'의 변화를, '국민' 내부로부터 자기변화의 시도를 요구하고 촉구하는 존재로 등장했다. 그러므로 여기서 다시 '국민'을 변화시키면 된다고도 할 수 있다.

반세기 넘게 살아남았고, 앞으로도 계속 살아갈 고질라에게는 그러한 변화를 요구할 권리가 있다.

고질라에게 감명을 받아온 우리도 그것은 마찬가지다.

계속 걸어가라, 고질라여.

제5장

고질라가 본 울트라맨과 해커

괴물·괴수들의 21세기는 어떻게 될 것인가. 버블 및 버블붕괴 후의 괴물들, 컴퓨터 네트워크 안의 새로운 괴물들은 무엇인가. 『울트라맨 연구서설』로부터 '울트라맨과 괴수'를 구출하고, 『뻐꾸기의 알―컴퓨터 에스피오나지의 미로에서 스파이 추적하기』로부터 '괴수, 히피, 해커'를 원래의 환경으로 되돌리는, 사소하지만 과격한 괴수와도 같은 독자의 실천.

1. 1990년대 이후의 괴수는

예를 들어 이런 문장이 있다.

이 책의 초판이 일본에서 간행된 것은 1991년 겨울이니 그로부터 이미 10년이 지나갔다. 물론 당시 우리는 이 책과 같은 수수한 연구서가 이렇게 해외에서 번역돼 출판될 것이라고는 꿈에서라도 상상한 적이 없다. 우리가 당초에 품었던 기대는 극히 소극적인 것이었고, 일본 국내에서 연구서로서 다소 반향을 얻을 수 있다면 큰 성공이라고 생각했다. 그렇게 우리는 이 책의 의의를 과소평가하고 있었다. 시대는 실로 이 책의 출판을 기다리고 있었지만 말이다.

『울트라맨 연구서설』. 괴수들의 1990년대, 더 나아가서 괴수들의 21세기를 조망할 때 커다란 의미를 지닌 이 책이 출판된 해는 1991년이다.

"시대는 실로 이 책의 출판을 기다리고 있었지만 말이다" 실로 이 평가 그대로다. 이 책이 베스트셀러가 됐기 때문이다. 하지만 도대체 왜 그렇게 된 것일까.

이 책은 '울트라맨 연구'를 내걸고 있지만 실제로는 "과학 특수대特搜隊 연구"가 중심이다. 목차에는 다음과 같은 항목이 늘어서 있다.

과학특수대, 조직전략과 관리로 보는 인사전략

과학특수대, 법무전략 및 하야타[1] 대원의 법적 고찰

과학특수대, 재무전략과 괴수 출현에 따른 경제 방면의 파급효과

과학특수대, 기술 개발 전략

과학특수대, 시스템 전략

'과학특수대' 조직이 사회를 바꾸는 힌트가 된다!? – 울트라맨이 '일하는 의미'와 과학특수대의 목적

설명을 보면 편집자 중 한 명이 출판을 해주기로 한 가도카와 계열의 주케출판中経出版을 "비지니스 분야의 영웅"이라며 남성중심주의를 완전히 노출하는 말로 칭찬하고 있다. 버블경제에 신난 거대기업과 그것을 다양한 정책으로 지원한 국가가 이 책에서 그리는 '과학특수대'의 배경에 있음은 명확하다.

---

1   [역자 주] 하야타 : 울트라맨 주인공.

2. 모순 없음과 갈등 없음의 이야기

미국에서는 1980년대 중반부터 이른바 '캅경찰'을 다룬 드라마나 영화가 늘어나고 있다.

최근 나는 미국 경찰을 다룬 B급 영화 30편을 연이어 볼 기회가 있었다. 내 예상과 달리 그 추잡하고 매력적인 무대에서 펼쳐진 것은 경찰＝정의의 편에 선 이야기도, 또한 경찰＝악한의 이야기도 아니었다. 한마디로 말하자면 미국 경찰의 모순·갈등의 이야기라고 정의할 수 있다.

현 체제·질서 방위의 끝자락에 내세워진 경찰이 모순·갈등으로 가득 찬 거대하며 다양한 무대에서 어떤 사회의 일면과 접하고 그 자체가 또한 모순과 갈등의 무대로 변하는 그러한 이야기라고 해도 좋다.

엘리트와 비非엘리트의 대립, 경제적 격차가 불러온 갈등, 중앙과 지방 사이의 모순 등의 익숙한 모순·갈등의 이야기만은 아니다. 오히려 그런 이야기는 그다지 많지 않고 이야기의 중심은 인종차별 및 민족차별을 배경으로 한 격렬한 모순·갈등이다. 어떤 흑인 경찰은 경찰서 내부의 KKK조직과의 싸움을 강요받고, 초로의 유대인 경찰은 총격전이 벌어질 때 언제나 선두에 섰음을 깨닫고 유대인 비밀조직에 접근한다. 이탈리아계, 아랍계, 멕시코계, 자메이카계 폭력조직의 싸움에 휘말리는 각 민족 출신 경찰의 다툼도 있고, 흑인 경찰서장과 백인 경찰 사이의 일상적인 균열이 사건을 거대하게 만드는 이야기도 있다.

현 체제·질서 방위의 최전선에 서서 실행하는 자인 경찰은 결코 하나로 뭉쳐 있는 조직이 아니며, 사회의 모순·갈등의 극심한 부분과 직면할 수밖에 없기에 내부에 모순과 갈등을 끌어안은 결과 내부의 해체가 시작된다.

화려한 액션도 미묘한 연출 모두 잘 하지 못 하는 '무명' 배우들이 차별에 직면했을 때만 활기차며 어둡게 빛나 보이는 이유는 '경찰'을 다룬 이야기 자체의 구성을 암시하고 있는 것처럼도 보인다.

'과학특수대'는 말할 것도 없이 일본 더 나아가서는 지구의 현 체제·질서방위 최전선 조직에 다름 아니다. 따라서 이 '과학특수대'를 주인공으로 내세운 『울트라맨 연구서설』에 드러난 서사는 '경찰' 이야기의 또 다른 변형이라고 해석할 수 있을지도 모른다.

하지만 그렇다고 해도 이것은 미국 경찰 이야기와는 완전히 이질적인 일본적인 경찰 이야기이다.

일본적인 경찰 이야기가 모순 없음과 갈등 없음의 방위조직을 기본으로 삼고 있는 것처럼 『울트라맨 연구서설』에서 다루는 '과학특수대' 또한 내부에 어떠한 모순·갈등도 없는 단일하고 어쩐지 으스스한 나쁜 조직이다.

이처럼 으스스함과 비교해 보면 이질적인 형태를 띤 괴수들은 얼마나 사랑스럽고 믿음직한가. 아마도 이러한 역설을 은폐하기 위해서만 『울트라맨 연구서설』의 '과학특수대'와 울트라맨은 그저 괴수들을 찾아내고 사람들의 눈을 괴수에게 향하게 한 후, 괴수들의 사랑스러움을 눈치 채기 전에 재빨리 불문곡직하고 살육을 반복한다.

여기에는 실제 '울트라맨' 시리즈에 아직 남아 있었던 괴수를 향한 공감과 반발의 양의성이 전혀 없다. 그것이 그대로 『울트라맨 연구서설』에 등장하는 '과학특수대'의 단일하며 모순이 없는 어쩐지 으스스하고 기분 나쁜 감정과 겹쳐진다.

3. 닛뽄NIPPON 제국의 울트라맨

이처럼 모순이 없고 갈등이 없는 현 체제 질서 방위조직이 지키는 일본식 거대기업 및 국가가 도대체 무엇을 지향하고 있으며, 어디로 뻗어가려 하는지를 『울트라맨 연구서설』은 실수 없이 그리고 있다고 해도 좋다.

권두 「서문」에는 전술했던 인용문에 이어서 다음과 같은 문장이 나온다.

우리 앞으로 이 책을 각국의 언어로 번역하고 싶다는 요청이 꽤 많이 들어왔다. 당초 우리는 이러한 제안에 다소 소극적이었다. 우리 자신이 아직 이 책이 지니는 세계사적인 의의를 충분히 이해하지 못하기 때문이다. 하지만 각국 사람들의 뜨거운 목소리가 마침내 우리를 움직였다. 세계가 이 책을 요구하고 있다.

"세계사적인 의의"라는 말까지 보면 웃고만 있을 수 없다. '놀이'의 의태擬態로부터 정치가 비쳐 보이는 것이다.

일방적으로 요망된 군산학협동, 일본적 조직을 답습한 것만으로도 충분히 정치적인데, 그로부터 세계로 '비약'하는 가까운 미래의 시뮬레이션에서 『울트라맨 연구서설』의 정치는 한층 노골적인 것으로 드러난다.

단적으로 말해두자. 이것은 틀림없이 닛뽄 제국의 울트라맨이다! 울트라맨과 과특대에 닛뽄 제국의 꿈이 들씌워져 있는.

'제국'의 의식은 언제나 두려울 정도로 로맨틱하다. 이쪽의 지배와 조직 원리를 에워싸인 모든 사람들이 모순 없고 갈등 없이 수용하는, 절대로 불가능한 일을 가능한 것으로 가정하는 방식이니 로맨틱한 것도 당연하다. 또한 이러한 로맨티시즘을 지탱하기 위해서 무수한 '가정'의 미적 허구가 짜인다.

과거 대일본제국에서는 예를 들어 '오족협화'나 '왕도낙토'라는 이념이 있었는데, '과학특수대'와 울트라맨에 선봉을 일임한 닛뽄 제국의 미적인 허구는 말할 것도 없이 '지구방위'에 다름 아니다.

'지구방위'라는 전체적인 테마에 봉사하는 것이니 "우리의 연구가 바야흐로 인류의 공유재산이 되려 하고 있다"는 감상은 확실히 안성맞춤으로 보인다. 이러한 미적 허구의 실현이라는 방향에는 실로 닛뽄 제국의 정치가 드러나 있다. 요컨대 "인류의 재산"으로 삼기 위해서 우선 '독일'에서 울트라맨을 퍼뜨리고 뒤이어 '미국, 영국'에서 울트라맨을 활약하게 한다는 시나리오가 여기에서 명확히 드러난다. 「2001년 독일어판 서문」에 이어서 "플로리다 별장"에서 썼다는 「2003년 영어판 서문」이 실려 있다. 그 후는 이어지지 않았지만.

닛뽄 제국 주도로 독일제국 및 영미제국과 삼각동맹으로 '지구방위'라는 이름을 내걸고 지구지배를 구상하는 것이야말로 『울트라맨 연구서설』의 정치이다.

1966년부터 시작된 '울트라맨' 시리즈는 확실히 사사키 마모루佐々木守나 긴죠 데쓰오金城哲夫 각본가와 짓소지 아키오実相寺昭雄 감독 등의 뛰어난 재능이 빛나 만들어졌다.

'울트라맨' 시리즈에서 사사키 마모루의 〈공포의 우주선宇宙線〉괴수 가바돈, 〈고향은 우주〉자미라, 〈괴수극장〉시보즈, 긴죠 데쓰오의 〈수수께끼의 공룡기지〉괴수 지라스, 〈환상의 설산〉우, 또한 '울트라세븐'에서 긴죠 데쓰오의 〈타겟이 된 거리〉메트론 성인, 〈논몰트의 사자〉논몰트 등은 '괴수'와 '기인'들이 그대로 현실을 전도하고 인간의 변화를 요구하는 사상의 형상이 된 뛰어난 이야기였다.

나는 이러한 성과를 동시대의 사상적 드라마 중에서도 높게 평가한다.

하지만 '울트라맨' 시리즈는 본래의 구상부터 체제 = 질서 방위적이었다. 울트라맨이 M78성운에서 지구로 내려온다는 이미지는 울트라맨이 단지 방위 장치에 그치지 않고, 천손강림 형태의 신으로서 일본 천황天皇의 메타포임을 말해주는 근거라고 나는 믿는다. 그렇다면 사사키 마모루나 긴죠 데쓰오 혹은 짓소지 아키오 등이 만든 뛰어난 영상물은 '울트라맨'이라고 하는 이른바 천황제로 우리를 부드럽게 감싸는 닛뽄의 단일함을 최종적으로 보증하는 이야기에 집어 삼켜진 것이 아닐까?

'울트라맨' 시리즈의 구원은 울트라맨에 인기가 집중되지 않은 것이다. 과학특수대는 몹시 멋이 없으며 싸움에서 진 괴수들은 죽여도 죽여도 끝도 없이 출현하는데 그런 괴수들에게 다행스럽게도 아이들의 관심이 집중되었다. '울트라맨' 시리즈의 흥미로운 점은 이러한 역설에 존재한다고 해도 좋다.

요컨대 '울트라맨' 시리즈는 그러한 자기부정에 의해서 이른바 '(사회에) 위화감을 품은 어린아이들'의 등장을 드러내준 역설적인 이야기이다. 다만 '울트라맨' 시리즈라고 해도, 여기서 의식하고 있는 것은 〈울트라맨〉과 〈울트라세븐〉이며 〈돌아온 울트라맨〉 이후의 '울트라맨' 시리즈는 포함되지 않는다. 그렇기에 〈울트라맨 타로〉 이후의 〈울트라맨〉은 논외로 할 수밖에 없다. 다만 1995년 나온 〈울트라맨 티가〉는 초기 '울트라맨' 시리즈의 고뇌를 이어받아서 꽤 좋았다.

『울트라맨 연구서설』을 다뤘으니, 이 책의 비판에서 시작돼 편집된 듯한 별책보물섬別冊宝島『영화 보물섬 괴수학·입문!』에 대해서도 한마디 해야 할 것 같다. 중요한 괴수론이 많이 실려 있지만, 이 책에는 "울트라맨은 1990년대를 향한 귀중한 제언을 하고 있다", "일본의 평화와 번영은 우리 일본인 스스로의 손으로 지켜내야만 한다. 그것이야말로 앞에서 말했던 『울트라맨의 메시지』의

본질에 다름 아니다" 등과 같은 상식적인 질서방위적인 언사를 결론으로 하는 문장이 실려 있다.

1991년 이후 울트라맨과 괴수는 과학특수대를 조직의 모델로 삼으려 하는 '기업'과 "일본의 평화와 번영은 우리 일본인 스스로의 손으로 지키"는 것을 목표로 하는 '국가'가 쟁탈전을 펼치는 상징이 돼 버린 것일까. 버블붕괴와 그 후의 경제 불황 속에서 일본식 경영을 하는 기업도 국가도, 자살한 평론가 에토 준이 한탄했던 "제2의 패전" 상황에 빠져 있다. 하지만 그렇기에 여기서 다뤘던 '지구방위'와 '일본을 지켜라' 식의 과잉된 질서방위, 요컨대 밖을 향한 공격과 세력권 확장을 요구하는 목소리 및 제도의 재편은, 21세기를 향해서 한층 강화되고 있다. 고질라도 괴수도 나타나면 죽이라는 목소리가 더욱 높아져만 가고 있다.

1950년에 태어난 이 미국인은 1960년대 말부터 1970년대 초기에 걸쳐서 미국만이 아니라 전 세계를 휩쓴 '커다란 가치 전환'의 파도를 뒤집어 쓴, 이른바 '히피'적인 생활에 접근한 후 그러한 생활로부터 멀어지지 않는 생활 방식을 택해왔다.

결코 전투적이지는 않았지만 국가나 권력을 혐오하고 그것이 강요하는 질서의식에는 가능한 사로잡히지 않으며 살 수 있기를 희구했다.

1980년대 중반이 됐는데도 그는 장발을 하고 청바지에 스니커를 신고서 직장인 캘리포니아주 로렌스 버클리연구소까지 자전거로 통근했다.

단발에 정장, 일본제 자동차라고 하는 새로운 지적 부유계층인 '여피'식 라이프 스타일과는 전혀 다른 삶의 방식을 그는 고집스러울 정도로 지키고 있었다고 해도 좋다.

그의 이름은 클리포드 스톨Clifford Stoll이다.

컴퓨터에 침입한 해커를 추적한 실제 체험을 그린 『뻐꾸기 알―컴퓨터 에스피오나지의 미로에서 스파이 추적하기The Cuckoo's Egg : Tracking a Spy Through the Maze of Computer Espionage』1989, 일본어 번역본은 1991 출간됨의 저자이다.

스톨은 매니아라고 해도 좋을 정도의 괴수영화 팬이다.

스톨은 귀갓길에 종종 비디오테이프 대여점에 들러서 고질라를 중심으로 한 일본 괴수영화 비디오를 빌려서 집에 돌아와 애인 마사 등과 보는 것을 즐겼다. 한창 해커를 추적할 때도 괴수 영화를 계속해서 봤다고 한다.

아마도 스톨은 미국에서 "(사회에) 위화감을 품은 어린아이" 중의 한 명이었음이 틀림없다. 일본에서 질서방위의 편이 아니라 포효하는 이질적인 괴수들에게 감정을 이입하는 "위화감을 품은 어린아이"가 출현하기 시작했을 무렵, 스톨 또한 바다 저편에서 나타나기 시작했던 "위화감을 품은 어린아이" 중의 한명이었다.

질서로부터 가능한 거리를 확보하려고 하는 스톨이 택한 삶의 방식의 일부가 괴수로부터 탄생해 괴수를 지탱했던 "위화감을 품은 어린아이"에게서 비롯됐을 것이라는 상상은 즐겁다.

하지만 불과 얼마 전까지 "괴수들에게 성원을 보내"고 있었던 스톨은 해커들의 정체를 폭로한 후, 일약 컴퓨터 시큐리티 분야의 새로운 영웅이 된 후, 다음과 같은 절절한 감상을 괴수^{괴물} 영화를 매개로 쓴다. 이야기의 매듭 부분이다.

　　B급 영화 중에서 불멸의 명작인 〈우주 생명체 블롭〉은 악인인 괴물이 남극으로 예인되는 장면에서 끝난다. 괴물은 냉동되면 무섭지도 않고 힘이 없다. 화면에 엔드 마크인 THE END가 나오니 해피엔딩이다. 그렇게 생각한 것도 잠시, 마지막 순간에 무엇인가 액체의 물방울과 닮은 물음표가 떠오른다. 괴물은 죽지 않았다. 그저 잠들어 있을 뿐이다. 모니터를 끄고, 최후의 일지를 붙이고, 심야의 막스 헤스 추적에 종지부를 찍었을 때 내가 품었던 기분이 바로 이것이었다.

　　괴물은 지금도 어딘가에서 회생의 기회를 엿보고 있다. 돈의 유혹을 받고, 권력의 꼬드김을 받고, 혹은 단순히 호기심에 사로잡혀서, 누군가가 비밀번호를 훔치면 괴물은 언제 다시 날뛸지 모른다. 완전히 익숙해져 의지하고 있는 네트워크가 실은 극히 허약하며, 인간의 상호신뢰 위에 겨우 성립된 것임을 잊을 때 괴물은 다시 소생한다. 나 자신도 예전이라면 저지를 수도 있는 일이지만, 호기심 왕성한 학생이 진반 농반으로 시스템에 침입해서 타인의 프라이버시를 침범하고 있을지도 모른다. 땀의 결정이라고 해야 할 데이터를 위험에 노출시키고, 불신과 공포의 씨앗을 흩뿌리고 있는 것을 의식하지 못 한다면 참사는 반복될 것임이 틀림없다. (…중략…) 자신의 단말기는 수많은 이웃들과 이어져서 사통팔달하는 도로를 향한 출입구이다. 몇 천 명의 상호 신뢰가 시스템 사이를 연결하고 몇 십 만이 동떨어진 세계를 연결하는 네트워크가 얼마나 섬세하고 미묘한지를 의식할 필요도 없이 컴퓨터를 이용하고 있다.

영화에서 괴물에게 습격을 당하는 저 한가로운 마을과 비슷하게 사람들은 자신들의 사회가 취약하며 무방비 상태임을 모른 채 평화롭게 살아가고 있다. 바이러스에 감염되면 컴퓨터로 구성된 사회는 잠시도 버티지 못한다. 자칫하면 인간의 상호불신이 과장된 방범용 잠금장치나 지독한 검열을 낳고, 철저한 감시와 관리 기구가 칭칭 얽어맨 시스템을 사람들이 멀리해서 사회 그 자체가 이윽고 쇠퇴할지도 모른다.

하지만 막스 헤스와 같은 사람은 그렇게 아무데나 있지 않기에 분별력 있는 사람들이 제휴해서 네트워크의 안전과 자유를 지켜 나간다면 상황은 언젠가 좋아질 것이다.

불과 몇 주 전까지는 괴수의 활약에 가슴이 뛰었던 스톨의 커다란 변화, 커다란 가치전환이 여기에 표명돼 있다고 해도 좋다.

1960년대 말의 "커다란 가치전환"보다도 훨씬 확신적인, 제2의 "커다란 가치전환"이다.

불과 얼마 전까지 괴수의 눈길로 질서를 보고 있었던, 과거의 "위화감을 품은 어린아이"의 하나였던 스톨이 이제는 체제질서 방위조직의 시선으로 '악한'으로서의 괴물괴수를 응시하고 있다.

여기에는 틀림없이 저 '과학특수대'적인 정신이 존재한다.

도대체 스톨에게 무슨 일이 벌어진 것일까?

5. 컴퓨터 시스템의 정치학

사실 스톨 자신도 내적 변화를 눈치 채고 있었다.

이렇게 말하는 나도 예전이라면 바이러스를 그렇게 나쁘게만 생각하지 않았을 것이다. 하지만 최근 2년 동안 내 관심은 75센트 정도의 회계 불일치 같은 작은 일부터, 네트워크의 안전이라는 커다란 문제로 옮겨갔다. 유저 모두는 공통의 이해를 고려해서 네트워크를 올바르게 이용해야만 한다. 해커에 대한 법 정비도 필요하다. 공공의 복지를 위해서는 컴퓨터 이용에 관한 윤리 규정도 요구된다. 놀라울 정도다. 이게 내가 하는 이야기라니. 나도 나이를 먹은 것 같다. 어쩔 수 없는 일이다.

스톨은 변화를 눈치 챈 정도가 아니라 놀라움으로 이를 응시하고 있다고 해도 좋지 않을까.

하지만 이 변화가 어디에서부터 비롯된 것인지는 반드시 명확하다고만은 할 수 없다. 그러므로 스톨은 "나도 나이를 먹은 것 같다. 어쩔 수 없는 일이다"라고 밖에는 말할 수 없었다.

무엇보다 스톨의 이러한 애매함이야말로 흥미롭다. 오히려 우연히 휘말린 해커 추적극 한 장면 한 장면에 일비일희하며, 실패하고 성공하면서 실로 또렷한 사고를 보여줬다는 생각이 들다가도 말도 안 되는 초보적인 미스를 범하고 아무렇지도 않은 스톨의 '인간적'인 모습이야말로 『뻐꾸기 알』의 매력이다.

컴퓨터 시스템을 중심으로 한 전자 미디어 세계에서는 "이미 완성된 궁극의 세계" 이미지만이 그려지고 유통되고 있다.

만들거나, 만들지 않거나, 부수거나, 도중에 그만두거나, 다시 만들거나, 고쳐 만들거나, 누가 누구를 위해서 어떻게 만드는 것인지 등등의 프로세스를 사상捨象한 그러한 이미지가, 만들어진 세계의 수용만을 일방적으로 사람들에게 요구한다는 의미에서 정치적인 것만은 명확하다.

새로운 기술의 등장은 항상 "이미 완성된 궁극의 세계"를 수반한다고 해도, 한정된 용도를 지니지 않은 최초의 기술인 컴퓨터는 다른 기술과는 비교가 되지 않을 정도로 "이미 완성된 궁극의 세계"의 이미지를 과잉되게 띠고 있다고 해도 좋을 것이다.

전뇌 공간사이버스페이스. 하루하루 다양한 나라의 몇 십 억이라는 정규 엔지니어나 수학개념을 배우는 어린아이들이 경험하고 있는 공감각 환상. 인간의 컴퓨터 시스템의 모든 데이터뱅크에서 꺼낸 데이터의 시각적 재현. 생각할 수 없는 복잡함. 광선이 정신의 데이터 성군과 성단의, 비공간을 헤맨다. 멀어지는 거리의 등불과 닮아서……

— 윌리엄 깁슨, 『뉴로맨서(Neuromancer)』, 하야카와문고, 1984

사이버펑크 계열의 많은 작품은 컴퓨터 시스템의 "이미 완성된 궁극의 세계"를 무대로 한 다양한 투쟁을 그리고 있다. 그렇기에 그에 한정해서 체제질서가 유포하고 있는 모순 없고 갈등이 없는 컴퓨토피아computopia[2]와도 같은 이미지와는 다르다. 하지만 "이미 완성된 궁극의 세계"를 전제로 하고 있기에 그러한 이미지의 유포를 역방향에서 지탱하고 있다고도 할 수 있다.

전뇌공간을 배경으로 한 '해커'의 무시무시하고도 매력적인 투쟁을 다룬 『뉴로맨서』 또한 예외는 아니다.

마크 포스터는 『정보양식론 포스트구조주의의 사회이론』이와나미서점에서 정보양식의 전면화가 사회에 초래하는 긍정적인 면만이 아니라 부정적인 면을 정성껏 논했다. 하지만 부분적으로 볼만한 요소를 많이 포함돼 있다고 해도 "이미 완성된 궁극의 세계"를 전제로 하고 있다는 점에서 역시 비판받아 마땅하다.

> 주체는 데이터베이스를 매개로 증식되며 컴퓨터에 의해 메시지처럼 변해 산란散亂하고, 티비 광고로 탈맥락화를 거쳐 다시 의미가 정해지고 전자적인 심볼symbol 전송으로 항상 용해되거나 재료처럼 변한다. 들뢰즈와 가타리의 시점으로 보자면 우리는 시간과 공간에 뿌리내린 '트리tree'의 존재로부터 물을 찾아서 매일 지상을 헤매는 '리좀Rhizome'적인 유목민으로 변화하고 있다.

이러한 정보양식의 전면화와 포스트모더니즘을 결부시키는 것에 제정신을 잃기 훨씬 전에 조금 더 생각하거나 행동할 일은 산적해 있을 터이다.

2　[역자 주] 컴퓨터의 발전에 의해서 실현된 이상적인 미래사회.

6. '보통 사람'이라는 권력

『뻐꾸기 알』에서 스톨이 보인 애매함은 컴퓨터 시스템의 "아직 완성되지 않은" 유동적이며 가변적인 상태임을 가리켜서 컴퓨토피아적인 이미지를 뒤흔들었다.

이 이야기는 그러한 특징을 보이며 컴퓨토피아를 현재의 컴퓨터를 둘러싼 투쟁 상태 안에 던져 넣을 가능성을 보여준다.

하지만, 아니 그렇기에 더욱더 스톨의 급격한 변화를 불문에 부칠 수는 없다.

다시 묻는다. 스톨에게 도대체 무슨 일이 벌어진 것일까.

우선 스톨을 둘러싼 인간관계의 변화가 있다.

스톨은 해커의 진로를 추적하는 사이에 점차 국가의 중추 깊숙한 곳으로 파고 들어갔다. 연구소, 국방기업, 군대, CIA, 국가안전보장국[NAS], 사법부…….

스톨이 거기서 만난 인물은 결코 잔인하며 야심가인 권력자가 아니었다. 오히려 거꾸로다.

1년 전 쯤 고급장교라고 하면 월스트리트의 자본주의자들에게 조종돼 죽음의 춤을 추는 괴뢰 전쟁광으로만 생각했을 듯하다. 학창 시절에 굳어진 사고방식은 좀처럼 바뀌지 않는다. 하지만 세상일을 흑백논리로 단순히 나눌 수는 없다. 내게 귀를 기울여준 장군들은 모두 심각한 문제에 정면으로 부딪칠 의사를 품고 그에 걸맞은 지성을 겸비한 인물로 보였다.

스톨은 그들을 비일상적인 주민이 아니라 진지하고 농담에 능한, 요컨대 '보통 사람'이라고 생각한다.

다만 지속적인 권력은 '보통 사람'을 통해서 처음으로 관철된다는 것, '보통 사람'이 섬세하게 권력을 나누어 가지는 순간을 발견하는 것이 권력적인 인간의 발견으로 이어진다는 사실을 1960년대의 스톨에게 일부러 설명할 필요는 없다. 권력자 = '보통 사람'은 스톨에게 변용의 원인이 아니라 변용의 결과다. 그 변용이야말로 권력의 중추에 있는 자들마저도 서로 협력해야 할 '보통 사람'으로서 과잉될 정도로 의식하게 만들었다고 해도 좋다.

이러한 의식은 애인인 마사가 "해커는 의외로 정치적으로는 치안당국보다 우리와 가까운 존재인지도 몰라. 같은 편을 쫓아서 뭘 어쩌려는 거야?"라는 충고나, 마사의 친구이자 더욱 반체제적인 로리가 "그 사람은 독일 녹색당에 가까운 평화운동가인지도 몰라", "뒤쫓을 필요는 없어"라는 추궁마저도 무시할 정도로 강력했다.

7. 괴수에서 해커로, 교란하는 존재의 전환

스톨의 변화는 단적으로 말하면 '질서'의 비대화 혹은 전면화에 의해서 초래됐다.

스톨이 신출귀몰한 침입자인 해커를 뒤쫓아 컴퓨터 네트워크가 실현한 전뇌공간을 헤매는 과정에서 얻은 것은 '질서'가 전면화 되고 있다는 확신이었다. 이러한 확신이 FBI나 CIA, NAS라고 하는 체제질서 방위조직의 요인과 반체제적인 친구를 하나의 틀 속에 가둬두게 만들었다.

또한 '질서'의 전면화를 가장 잘 말할 수 있는 자야말로 '질서'를 교란하는 존재인 괴수로부터 해커로 전환될 가능성을 품고 있었다.

무엇보다 스톨의 내면에서 이러한 전환이 반드시 명확한 형태로 의식됐다고는 할 수 없다. 오히려 "영화에서 괴물에게 습격을 당하는 저 한가로운 마을과 비슷"한 식으로 해커의 공포 (또한 컴퓨터 프로그램을 파괴하는 바이러스의 공포)를 '괴물'의 비유를 바탕으로 말하고 있다고 할 수 있다. 확실히 해커는 괴물과 닮은 무엇인가임이 틀림없다. 하지만 이들은 완전히 동일체는 아니다.

괴수괴물가 행하는 '질서'의 파괴는 늘 부분적이다. 괴수 영화가 '태풍'과 관련된 재난영화와 닮은 것은 그렇기에 당연하다. 게다가 괴수도, 그 파괴행위도, 파괴대상도 가시적이다. 또한 '질서'의 파괴는 언제나 부정적인 것이 아니며 경우에 따라서는 긍정적으로 볼 수도 있다.

스톨이 '위화감을 품은 어린아이'의 후예로서 괴수에게 박수를 보냈을 때, 괴수가 파괴하는 '질서'는 부정적이며 또한 부분적이었음이 틀림없다. 다시 말하자면 스톨에게 '질서'는 부정해야 할, 괴수에게 파괴를 위임해야 할 체제질서이자 그 자신이 소속된 질서와는 멀리 떨어져 있는 다른 무엇인가였다.

그에 비해 해커와 대치된 '악한'으로서의 괴수는 스톨도 또한 그

일원에 속하는 지켜야 할 '질서'의 파괴자였다.

게다가 그 괴수는 결코 가시적이지 않았다. 누구나 그것이라고 알 수 있을 법한 이질적인 형태의 모습을 표현하지 않는 실로 신중하며 불가시화된 괴수였다.

불가시한 괴수로서의 해커(그리고 바이러스).

이 해커의 앞에서 '질서'는 하나다.

'질서'에 이제 적과 자기편은 없다. "사회 전체가 컴퓨터에 의존하고 있는 현대에는 더 이상 정치에 좌도 우도 없음을 알게 됐다." 실로 "바야흐로 컴퓨터는 지식인, 정치가, 관료라고 하는 울타리를 초월하는 사회의 공통분모이며, 모든 견해와 신조를 둘러싸고 세계에 통용될 필요라는 이름의 화폐이다".

컴퓨터 네트워크에 의해서 끊어진 틈 없이 이어진 '질서'의 부상이야말로 스톨을 괴수 애호가로부터 괴수 공포증을 품은 인물로 변화시켰던 요인이다.

따라서 『뻐꾸기 알』은 지금까지 컴퓨터 네트워크를 이용하고는 있었지만 그 '의미'나 '소중함'을 거의 인식하지 못 했던 극히 평범한 한 남자가 컴퓨터 네트워크의 정치(혹은 이데올로기)에 눈을 떠나가는 이야기로도 읽힌다.

일부러 컴퓨터 네트워크를 "이미 완성된 궁극의 세계"로 파악하지 않고 현재의 투쟁 상태 안에서 파악하는 방향을 가리켰다. 이것으로 "이미 완성된 궁극의 세계" 탄생의 이야기에 리얼리티를 보증했다고 하는 것도 마찬가지다. 스톨의 '애매함'은 전면화한 '질서'

방위의 확신을 보다 강하게 인상지우기 위한 불가결한 요소였다.

8. 괴수적인 독자, 창조적인 독자가 나타난다

스톨을 "위화감을 품은 어린아이"의 후예나 1960·1970년대의 좌파적 경향을 짊어진 자라고 한다면 『뻐꾸기 알』은 양자가 패배한 이야기라고 해도 좋다.

하지만 독자는 이야기를 이야기가 표시하는 그대로 읽어야 할 절대적 의무를 짊어지고 있지 않다.

우리는 이야기라는 질서를 방위하기 위해서만 끌려나온 사병이 아니다.

새로운 이야기는 언제나 그 이전의 어떠한 이야기의 방위마저 포기해버린 사람에 의해서만 탄생한다는 사실은 '독자 = 이야기의 충실한 사병'이라는 사고방식을 뒤집기에 충분하다. 이야기를 종착역으로 삼지 않는 독자는, 다시 말하자면 스스로의 사고와 보행을 더욱 앞으로 계속해 나가는 창조적 독자는, 이야기가 강제하는 구심력으로부터 벗어나야만 한다.

이야기와 체제질서를 겹쳐보면 이야기를 배신하는 창조적인 독자는 '컴퓨터 보안 전문가'나 '과학특수대' 정도에서 멈춰서는 안 된다.

그러한 기술방위 장치에 폭약을 설치하고 제대로 기능을 못 하게 하고. 적어도 질서가 제시하는 세계를 그대로 순종적으로 수용하기를 거부하는 자세가 필요하다.

『뻐꾸기 알』을 읽으며 창조적 독자가 되는 방법은 그렇게 어렵지 않다.

핵심은 이야기를 거꾸로 거슬러 올라가면 된다.

어떤 확신에 가득 찬 전체성의 옹호자인 스톨로부터 '애매'하며 "위화감을 품은 어린아이"의 후예로 장발을 하고 볼품없는 모습을 한 자전거를 좋아하는 스톨의 모습을 찾으면 된다.

그렇게 하면 이야기의 끝에서 '행방불명'되는 사랑스러운 반체제파인 마사나 로리도 돌아올 것이 분명하다.

그녀들이야말로 작은 괴수이자 생활자로서의 해커이며, 체제질서 측에서 볼 때 무서워해야 할 바이러스이다.

"이미 완성된 궁극의 세계"가 유통하고 있는 컴퓨터 네트워크의 전체성이 마침내 신화에 머무는 것은 그런 그들의 존재 덕분이자, 그들을 지지하는 독자라는 존재 덕분이다.

생동하며 비뚤어진 사회, 투쟁 상태에 있는 사회 위에 내려진 '질서'의 전체성은 언제나 으스스한 무엇이다.

괴수를 기를 쓰고 찾아내 죽이는 '과학특수대'와 '인간의 상호신뢰'를 내세우며, 모든 것을 하나의 질서로 가두려는 컴퓨터 보안 전문가는 그것을 말해주고 있다.

'인간의 상호신뢰' 따위는 전혀 믿지 않고 사회에서 오히려 '상호신뢰'의 파괴가 진행되고 있음을 알면서도 사회 안에서 확고히 우위성을 확보한 이들의 대변인이 돼 '인간의 상호신뢰'를 내세우는 자들이야말로 참으로 섬뜩하다.

최근 우리 주변에 이처럼 섬뜩함이 가득 차 있다.

섬뜩한 자들이 만드는 시스템에 대항하기 위해서는 그들의 공포가 만들어낸 '악한 자'만이 아니라 '괴물', '괴수'를 몸에 두르는 것만으로 부족하다. 우리는 동화해야 한다.

나는 "위화감을 품은 어린아이"의 후예로서 창조적 '악한 자'의 실천을 여기서 조금 시험해 보았다.

이처럼 창조적인 독자는 괴수적인 독자라고 바꿔 말할 수 있다.

자, 당신도, 나도, 괴수적인 독자의 실천을!

그렇게 희구하는 우리 앞에 고질라가 천천히 모습을 드러낸다.

고질라와 함께 걸어 나가자.

제6장

고질라, 후쿠시마, 신거신병新巨神兵

본래 고질라에는 두려워하는 신神의 그림자가 있다. 다케다 다이준武田泰淳의 『'고질라'가 오는 밤』은 대도쿄大東京가 파멸되는 순간 "신이시여 당신은 고질라였습니까"라는 말로 끝난다.

수소폭탄 실험과 핵의 평화 이용 틈새에 출현해서 인간의 변화를 강력하게 요구한 '고질라 원상'이 후쿠시마 카타스트로프가 한창일 때 거신병의 모습으로 소생했다.

1. 말살도 은폐도 아닌 인간의 변화를 향한 이야기로

음울한 "역사의 천사"가 날아오른다.

괴물이 나타났다. 괴물을 죽여라(숨기고, 없었던 것으로 해라).

괴물이 나타났다. 인간이 변해라.

무수한 괴물 이야기는 전자에 속한다. 하지만 때로는 그러한 피
투성이가 된 상식의 두꺼운 층을 날려 버리고 동시대를 살아가는
인간 한 명 한 명에게 강하고 집요하게 변경을 요구하는 획기적인
이야기가 출현한다.

이상한 괴물에게 내장된 것이 전대미문의 파국적 사태와 그것
으로 인한 절망이라면 괴물의 출현을 똑똑히 보며 인간에게 변화
를 요구하는 이야기는 무엇을 의미하는가. 그것은 카타스트로프^파
^국와 절망에만 관심을 돌리고 뒷걸음질 치듯이 앞^前 = 미래로 나아
가는 "역사의 천사"^{발터 벤야민}를 내부 깊숙이 품고 있음이 틀림없다.

발단은 언제나 '괴물 = 다른 것'이라는 이야기다.

신화의 기원에는 거인 및 거체가 숨바꼭질을 한다.

역사의 새 기원을 여는 시기에는 요괴가 날뛴다.

또한 인간의 시작에는 어린이들이 어른들에게는 보이지 않는

요정과 꿈속에서까지 소곤소곤 이야기를 하고 있다. 이러한 '괴물 = 다른 것'이라는 이야기는 모두 기존의 짓눌리는 것 같이 답답한 질서에 일어난 파국적인 균열이다. 동시에 새로운 해방적인 세계를 향한 불가결한 통로다.

필요하다면 '괴물 = 다른 것' 이야기는 기존의 질서가 모두 산산조각으로 부서져 깨질 때까지 그 모습을 바꿔가며 계속해서 나타날 것이다.

2. 내부로부터의 경고

도대체 괴물이란 무엇인가.

내 '괴물'에 대한 정의는 실로 간단하다.

그것이 무엇인지 알 수 없으나 (따라서 대처하기 곤란하지만) 확실히 거기에 있으며 현재에 심각한 영향을 미치고 있는 존재.

이를 세 가지로 나눠서 약간 설명해 보겠다.

① 그것이 무엇인지 모른다. 따라서 명명한 후에 풀어내는 기존의 어떠한 처리법도 유효하지 않다. 괴물에게는 이름이 없으나 새롭게 의미가 불명확한 이름이 붙여진다. 즉 이해불가능·해석이 불가능한 것이라는 의미를 지닌다. 그 출현은 우리가 품고 있는 기존의 이해체계·해석체계 더 나아가 그것을 둘러싼 문화 및 사회

공동체의 파탄의 징조이거나 어느 정도 파탄된 상태를 드러낸다.

② 확실히 그곳에 있다. 실재를 포함한 존재로 혼합, 일탈, 이형異形이거나 혹은 모든 것에 관련된 모습이미지를 포함해서을 보인다.

③ 심각한 영향을 끼친다. 무시무시한 괴물과 겁을 먹은 사람이 항상 접촉하고 있다. 질서의 밖에서 와서 다시 밖으로 나가는 이른바 절대적인 이물異物에 대해 사람들은 두려움을 품을 수조차 없다. 무시무시한 괴물과 겁을 먹은 사람은 서로 닮아 있으며 겁을 내는 자는 이미 어느 정도는 무시무시한 괴물이기도 하다. 영어로 monster가 라틴어 monstrum경이, 징후, 경고의 의미에서 유래하듯이 괴물은 괴물을 만들어 내고 무서워하는 동시대 인간을 향한 인간 내부로부터의 경고나 다름없다.

3. 괴물의 말살로부터 인간의 변화로

그러므로 괴물의 출현에 직면한 우리가 해야 할 일은 우리와 괴물 사이를 억지로 나누고 나서 "'괴물'이 나타났다, 괴물을 죽여라(숨기고, 없었던 것으로 해라)"를 수행하는 방식이 아니다.

이것은 칼 슈미트가 제창한 정치 개념의 핵심인 '동지와 적'을 포착한 이론의 충실한 실천이라고 해도 좋다. '전쟁'을 본뜬 괴물이 출현하는 이야기는 언제나 "적이 나타났다, 적을 죽여라" 즉 "'괴물'이 나타났다, 괴물을 죽여라"로 기울어 간다.

우리는 끊임없이 인접해서 출현하는 괴물을 우리 자신의 파국을 향한 경고로 받아들이고, 새로운 관계 구축을 향해 걸어가는 "괴물이 나타났다, 인간이 바뀌어라"의 방향을 과감히 선택해야 한다.

구태여 '전쟁'에 비유한다면 이는 인간과 사회 시스템 변경을 향한 '내전'이다.

그렇지 않으면 본디 없었던 것처럼 감추고 또 감춰도, 죽이고 또 죽여도 괴물은 우리의 내부로부터 한층 더 파국을 확대해서 공포를 만연시켜나가며 계속해서 출현할 것임이 확실하다.

내가 이러한 괴물과 처음 만난 것은 전후 특수촬영이 탄생시킨 최대급의 괴수 고질라가 출현한 이후다.

4. 초대 고질라 영화의 쟁투

〈고질라〉[1954]에는 고질라라고 하는 수수께끼 괴수를 둘러싸고 괴물 말살과 인간의 변화를 둘러싼 이야기가 격렬하게 충돌하고 있다.

"아, 정말 싫어. 피폭된 다랑어잖아. 방사능비가 내리고 있어. 게다가 이번에는 고질라가 왔어. 만약 도쿄만으로 덮쳐 오면 도대체 어떻게 되는 거야. 정말 생각하기도 싫은 일이야. 모처럼 나가사키 원폭에서 목숨을 부지한 소중한 몸이잖아" 하고 전차 안에서 여자

회사원이 말한다. 오가타는 "저 흉포한 괴수를 저대로 방치해 둬서는 안 됩니다. 고질라야말로 우리 일본인 위로 지금도 덮어씌워진 수소폭탄 그 자체가 아닙니까!"라고 말한다.

이러한 바람과 생각은 한편에서는 방위대의 강압적인 공격이, 다른 한편에서는 군중의 행렬이 나타나면서 구체화한다.

하지만 적극적이고 또한 소극적인 고질라 말살 기획에 단호히 반대하는 고생물학자 야마네 박사는 이렇게 말한다.

수소폭탄의 세례를 받았으면서도 여전히 생명을 유지하고 있는 고질라를 무엇으로 말살한단 말입니까. 그보다 우선 저 불가사의한 생명력을 연구하는 것이야말로 급선무입니다.

그는 고질라 그 자체에 대해서 묻고 나아가서는 고질라를 출현시킨 인간에 대해 물으려 한다.

그러므로 괴물의 결말은 이렇다. 수소폭탄을 상회하는 병기 옥시즌 디스트로이어의 개발자 세리자와 박사와 함께 뼈로 변한 고질라가 도쿄만에 가라앉는다. 그것을 목전에서 본 야마네 박사는 불만스럽게 투덜거릴 수밖에 없다.

저 고질라가 최후의 한 마리라고 생각되지 않아. 만약 수소폭탄 실험이 계속된다면 저 고질라와 똑같은 괴수가 세계 어딘가에서 다시 나타날지도 몰라.

한 번의 화려한 말살 액션은 결코 최종적인 결착이 아니며 뛰어난 인간과 사회 변혁 이야기의 결말이자 시작이다. 게다가 핵시대로 돌입한 세계 시스템 안에 동시대 인간이라면 좋든 싫든 관련돼 있다.

영화 공개로부터 상당한 시간이 흘러, 나는 움막과 같은 좁고 작은 영화관에서 포효하고 방황하는 검은 대괴수를 봤다. 그 순간 어린 시절의 내가 금세 고질라가 됐던 것은 과연 영화에 담겨진 고질라, 즉 인간의 변화를 둘러싼 이야기에 강하게 감응한 결과였던 것일까. 그렇지 않으면 위화감을 느끼기 시작했던 일상의 풍경과 생활 및 그 관계를 향한 파괴를 원망願望했기 때문이었을까. 아마도 양쪽 다가 아닐까.

5. 핵의 평화적 이용에 맞춰 대결하는 괴수 말살 이야기로

고질라 이야기는 "괴수가 나타났다, 인간이 변해라"라는 강한 메시지를 발신했다. 나는 지금까지 어린 시절 자신이 고질라처럼 변해 버렸던 명확한 기억과 그 후 고질라와 함께 했던 오랜 세월 동안의 관련을 교차시키면서 이 괴수를 논해왔다. 1983년 「고질라·괴수들의 전후—일어서는 과거」부터 『고질라가 오는 밤에—'사고를 재촉하는 괴수'의 현대사』1993, 1999 증보판, 『고질라의 수수께끼—괴수신화와 일본인』1998 등을 거쳐서 「고질라로서 재생하기 위해서, 마음 편히 자거라—고질라 파이널 워즈」2004에 이르는 시도가 그것이다.

유감스럽게도 첫 번째 작품 〈고질라〉 영화에서 시작된 고질라의 발걸음은 즉각 분열됐다. 인간이 바뀌어야 한다인간의 변화는 이야기인 '고질라 원상原象'은 괴수 말살 이야기로 퇴색돼 갔다. 그뿐만 아니라 이후 '영화판 고질라'에서 잇달아 출현하는 다른 괴수를 '평화'를 위해 말살돼야 하는 괴수 말살 이야기로 바뀌어갔다. 이것은 나와 같이 고질라를 좋아하지만 제3작 이후의 고질라 영화는 싫다고 말하는 팬을 대량으로 만들어 낸 이유 가운데 하나다.

이 챕터에서는 냉전체제 안에서 연속된 수소폭탄 실험에 의해 공포의 핵시대가 세계적으로 확산되는 것을 다룬다. 또한 그 시기 이러한 공포를 되돌리는 형태로 밝은 핵 시대가 시작됐다. 이러한 변화가 고질라 영화의 변모와 관련돼 있는 것은 아닐까.

전후 얼마 지나지 않아 미국의 수소폭탄 실험으로 피폭된 원양 참치어선 제5후쿠류마루의 비극이 히로시마·나가사키를 상기시켜 시민들 주도로 반핵운동이 맹렬하게 전개됐다.

또한 영화 〈고질라〉가 공개된 1954년에 소련에서 세계 처음으로 원자력발전소가 가동되기 시작해 국회에서도 원자력 연구개발을 위한 예산이 통과됐다.

그해가 저물 무렵 좌익계 비평가 오다기리 히데오小田切秀雄는 「원자력 문제와 문학原子力問題と文学」에서 다음과 같이 썼다.

원자력 문제는 오늘날 우리 일본인에게 오로지 원수폭전쟁原水爆戦争 위기로서만 나타나고 있다. 그 파괴적인 사용과 관련된 투쟁에 관심이 집중되는 것은 당연한 일이다. 하지만 원자력 해방 그 자체는 다르다. 만약 그것이 평화적으로 이용된다고 한다면 인류의 부가 급격히 증대돼 일본도 이 협소한 국토나 빈약한 자원의 제약을 급속히 타파할 수 있다. 그러한 굉장한 가능성을 품고 있다. (…중략…) 하지만 오늘날 일본의 현실을 보면 앞서 국회에서 원자로 축조를 위한 예산이 통과되고 또한 원자력발전이 문제가 돼도, 이는 사실 미국의 원수폭 산업의 원자력 투자 시도, 군사기지·군수산업의 동력확보라고 하는 의도에 눌려서 제기된 것일 뿐이다. 이는 일본 국민이 수소폭탄 전쟁에 얽히게 된 대단히 위험한 사태이기도 하다.

6. 마침내 원자력발전 영구 방기에 이를 것인가

오다기리 히데오는 평화 이용의 역사적인 양의성을 정확하게 간파하고 나서 사회주의가 선두를 끊은 핵의 평화 이용을 "인류사의 새로운 단계"라고 하면서 강하게 지지했다. 사회 변혁을 지향하는 좌익계의 뛰어난 비평가의 평가가 이러한 정도였다.

수소폭탄 괴수로서 출발한 '영화판 고질라'는 즉각 대결하는 괴수를 말살하는 이야기로 구워삶아졌다. 때때로 고질라가 "가리라 어디라도 / 평화를 위해서다 / 넓은 세계를 / 뛰어다니고 / 노리는 것은 나쁜 괴수다 / 엄청 큰 몸집에 / 귀여운 눈알"이라는 행진곡에 고무돼서 원자력발전 시대의 현상을 긍정하는 괴수, 즉 평화 괴수로서 거동을 하는 것도 어쩔 수 없다. '영화판 고질라'의 고도성장기라고 해야 할 듯하다. 후일 〈고질라 대 헤도라〉1971나 〈고질라 대 메카고질라〉1974 등 '고질라의 원상原象'에 접근하려고 했던 작품도 없지는 않았다 해도 말이다.

하지만 인간의 변화를 요구하는 '고질라 원상'에서 계속 멀어져 가는 것처럼 보였던 '영화판 고질라'에 파국이 닥쳐왔다. 이는 핵을 평화적으로 이용하는 것의 첨병인 원전과 함께 안이한 평화를 구가했기 때문이다.

고질라는 쓰리마일 섬Three Mile Isalnd 원전 사고로부터 5년 후에 새로운 시리즈의 첫 번째 작품인 〈고질라〉1984를 내놓으며 부활했다. 여기서 고질라는 대단히 위험한 "살아 있는 핵병기"인 동시에 동력으로 쓰고 있는 체내의 원자로에서 핵이 폭주할 위험을 떠안고 각지의 원전에서 연료인 핵물질을 빼앗아야만 생존할 수 있는 '움직이는 원자로'로 나온다. 체르노빌 원전 사고가 터지기 2년 전에 나온 영화였다.

1995년 공개된 〈고질라 VS 디스트로이어〉에서는 붉은 고질라가 등장한다. 여기서 고질라는 체내의 원자로가 융해meltdown를 일으켜 도쿄를 죽음의 거리로 만들기 직전까지 간다.

일본에서 도카이무라東海村[1] 임계 사고가 일어난 1999년 끝 무렵 공개된 〈고질라 2000 밀레니엄〉에서 고질라는 도카이무라원

---

1 [역자 주] 이바라키현 북부 마을.

전을 습격한다.

다음 해 〈고질라 × 메가기라스 G소멸작전〉에서는 시간을 거슬러 올라간다. 여기서는 1966년 고질라에 의한 도카이무라원전 습격을 계기로 일본이 원자력발전을 영구 방기하는 설정이 나온다. 핵의 평화이용에 따른 '영화판 고질라'가 보여 준 한 귀결이라 할 수 있으며, 이 영화에서 '고질라 원상'과 오랜만에 교차했다고 평가할 수 있다.

아이러니하게도 핵사용을 둘러싼 상황에 대한 입장을 확실히 한 '영화판 고질라'에 남겨진 것은 지금까지 이야기의 동력을 잃고 무참하게 방황하는 고질라였다.

괴이한 호국성수護國聖獸가 등장하거나 말살 이야기의 주역인 강력한 자위대가 쓸데없이 등장하면서 말이다. 이렇게 형편없어진 '영화판 고질라'는 마침내 2004년도에 개봉된 〈고질라―파이널 워즈FINAL WARS〉를 맞이했다.

7. 후쿠시마 카타스트로프

'영화판 고질라'가 사라지고 7년 후인 2011년 3월 11일 '고질라 원상'을 마주보아야만 했던 끔찍한 사태가 발생했다.

동일본대진재를 세계 최대의 원자력발전 진재震災로 바꾼 후쿠시마 제1원자력발전소의 파국적인 사고 즉 후쿠시마 카타스트로프Fukushima Catastrophe가 그것이다.

정치가나 관리, 매스컴에서는 일제히 '전쟁'이 회자됐다. 후쿠시마 카타스트로프는 '올 재팬ALL JAPAN'이 마주 보는 '적'으로 말살하기에는 너무나 거대한 '적'이라서 부랴부랴 숨기기에 급급하다. 또한 그 후에도 일관되게 허위정보를 유포하는 것을 통해 사실을 숨기고 있다. 더 나아가서는 이러한 사태의 진상을 미래를 향해서도 숨기려는 포진이 척척 갖춰지고 있다. 전쟁 상태가 한창인 때 맹렬한 속도로 "적이 나타났다, 적을 죽여라 (숨겨라, 숨겨라, 없었던 것으로 해라)"가 시작돼 현재에도 계속되고 있다.

그렇게 보자면 후쿠시마 카타스트로프는 현재 일본에서 최대의 '괴물'이 됐다고 해도 좋다. 아니, 일본 최대에 그치지 않고 국경을 넘어서 방사능 오염을 확대하고 있다는 의미에서는 세계에서 최대의 '괴물'이 됐다. '그것이 무엇인지 알 수 없으나 (따라서 대처하기 곤란하지만) 확실히 거기에 있으며 심각한 영향을 미치고 있는' 괴물 말이다.

"괴물이 나타났다, 인간이 변해라"라고 하는 방향을 자신의 의지로 선택하고 전후 대다수가 지지해 온 원전을 기반으로 한 사회체제를 대다수 안에서 떨쳐 일어나 타파하려던 사람에게 일본 사회는 도대체 무슨 짓을 저지르고 있는 것인가. 이들을 '비국민', '방사능 뇌', '거짓 선전자, 테러리스트'라는 말로 매도하고 가차 없는 야유를 퍼붓고 있을 뿐이다. 초기 정보전은 '비국민' 측의 완패였다.

후쿠시마 카타스트로프는 오염 지대 생산물의 유통과 소비에도 파급했다. 진재로 발생된 대량의 기와 조각과 자갈을 전국 규모로 소각하는 것을 포함한 방사능 물질의 이동이 빈번해졌다. 원전 주변 지역으로부터 방사능 규모가 일본 전국으로 서서히 확대돼 가고 있다. 눈에 보이지 않는 재액災厄은 날마다 수습되기는커녕 점차 수습할 수 없는 지경에 이르고 있다.

8. '호러 국가'의 출현

전부터 알고 지내던 사회사상가 세키 히로노関廣野는 후쿠시마 카타스트로프가 사회적으로 퍼져 나가는 것을 다음과 같이 분석했다.

원전 대사고를 둘러싼 사회의 반응을 보고, 사고가 터지고 나서 알 수 있었던 것이 두 가지 정도 있었다. 우선 사고가 일어나면 피난하는 많은 사람들이 넘쳐나서 사회가 대혼란에 빠질 것이라는 예상이 있었다. 하지만 현실에서는 수도권에 방사능오염 위협이 미친 단계에 이르러서도 그러한 패닉 영화와 같은 광경은 보이지 않았다. 일본 서쪽으로 피난한 사람의 수는 극히 한정돼 있었다. 그뿐 아니라 사고 현장에서 30킬로미터 권내에서도 다양한 사정으로 자택에서 떠나지 않는 사람도 많았다. 결국 생활기반을 모두 버리고 일본의 서쪽으로 장기 체류할 수 있는 사람은 거의 없었다. 이렇게 일본처럼 인구가 밀집돼 있고 정주성이 높은 섬나라에서는 원전 사고로부터 도망치려고 해도 도망칠 수 없다. 이 나라에서 원전 사고는 밀실에 감금돼 방사능에 노출되는 공포를 맛보는 것과 마찬가지다.

"밀실에 감금돼 방사능에 노출되는 공포를 맛보는" 것이라는 말을 기억해 두자. 일본은 인류 역사상 최악의 원자력발전 사고로 기록될 후쿠시마 카타스트로프를 겪으면서도 '안전'을 위장해 '국가' 규모의 '밀실'에 사람들을 가두고 있다. 일본은 이렇게 감금된 사람들을 방사선과 방사능 공포로 내몰고 있는 인류 사상 첫 '호러 국가'가 됐다.

1986년 체르노빌 카타스트로프는 5년 후 소련이라는 거대한 시스템을 해체시켰다. 하지만 후쿠시마 카타스트로프는 일본을 그 즉시 '호러 국가'로 바꿔 놓았다고 해도 좋다. 기존부터 계속된 은폐사회·밀실사회를 한층 더 정비해가고 있다.

내부 붕괴를 향해 오로지 내달리는 '호러 국가' 일본, 그것이 현실이다.

9. 경고하는 작은 괴물의 이야기

아주 고요해진 극장에서 걸작 애니메이션 〈신세기 에반게리온〉의 아야나미 레이의 목소리성우 : 하야시바라 메구미가 흘러나온다……

어젯밤 일이었다. 내가 혼자 사는 맨션에 대학생인 동생이 갑자기 찾아왔다. 집에서도 동생이 내 방에 들어왔던 적은 없었기 때문에 내 침대나 옷이 있는 공간에 동생이 들어온 광경이 어딘가 이상하다. 그러자 동생이 말했다.

"일상을 망치는 것 같아서 미안한데 말이야."

뭐야 얘는 취한 건가?

"커다란 재난이 닥쳐올 거야."

너 뭐라고 하는 거야? 그거 인터넷이나 데마^{헛소문}는 아니고? 그런 걸 믿는 거야 너.

그렇게까지 바보는 아니었잖아.

"갑작스레 미안. 하지만 정말로 이 마을은 내일 전부 파괴될 거야."

"재액이란 것은 실은 난데없이 습격해 오는 것이 아니라 전조나 경고도 하는 것이다."

동생에게만 보이는 사내아이와 둘이서 마주 보고서 그래도 절대 이런 것은 말하지 않겠지 하고 생각하니 어딘가 두려워진다. "뭐야 넌 누구야?"

"나는 경고야……."

경고하는 작은 괴물의 이야기가 불안을 불러일으키고 마침내 거대한 재액으로서 괴물이 나타났다. 특수촬영 단편영화 〈거신병 도쿄에 나타나다 극장판^{巨神兵東京に現る 劇場版}〉의 도입 부분이다.

제작 프로듀서는 안노 히데아키^{庵野秀明}와 스튜디오 지브리의 스즈키 토시오鈴木敏夫, 감독 히구치 신지樋口真嗣, 스크립트는 기예氣銳한 소설가 마이조 오타로舞城王太郎가 맡았다. 이 단편영화는 2012년 7월부터 10월까지 도쿄도립미술관에서 개최된 전람회『관장 안노 히데아키 특수촬영박물관 미니어처로 보는 헤이세 쇼와의 기법』의 전시 영상으로 제작되었다. 또한 스즈키 토시오의 제안으로 11월 공개된 〈에반게리온 극장판－Q〉와 동시 상영이 결정됐다. '극장판'으로서 새롭게 조정된 초단편 작품이기도 하다.

10. 도망치지 않는, 도망치는 것을 모르는 사람들

마침내 영상은 거대한, 너무나도 거대한 거신병 일체를 도쿄 상공에 비춘다.

일찍이 특수촬영 영화에서 친숙한 괴물로부터 도망치는 군중은 여기에서 찾아볼 수 없다.

거대한 재액에 빨려 들어가듯 아무 말 없이 핸드폰이나 스마트폰 카메라를 향하는 소수의 사람들이 보일 뿐이다.

그리고 조용히 지상에 내려앉는 거신병의 소리 없는 그러나 압도적인 도시 파괴가 시작된다.

애니메이션 〈바람 계곡의 나우시카〉에 나오는 '불의 칠 일간'과도 같은 사태가 이곳에서 개시된 것이다.

나는 끝나가는 세계 속에서 나 이외의 존재에 희망을 품으면서 살며 도망치면서 기다리고 있다. 신세계가 찾아오기 전에 거대한 불길이 찾아온다.

마이조 오타로의 언어는 "끝나지 않는 일상"이나 만화가 오카자키 쿄코岡崎京子가 보여 주는 돌발적인 참극 등 지금까지 서브컬처에 축적된 방대한 언어나 이미지를 흡수했다. 그러면서 이를 재편해서 파멸로 방향을 돌렸다. 이러한 마이조 오타로의 언어는 실로 박력이 있다.[2]

하지만 나는 누가 뭐라고 해도 안노 히데아키의 파멸을 향한 지치지 않는 집착에 마음이 흔들린다. 그는 과거 영화에서 거신병 장면을 담당했고 특수 촬영을 써서 새로운 거신병을 등장시킨 '폭발 전문가'이다.

스즈키 토시오는 언젠가 "에반게리온은 나우시카에 등장하는 거신병이다!" 하고 말했다. 다만 내가 보기에 〈거신병 도쿄에 나타나다 극장판〉에 등장하는 거신병은 확실히 안노 히데아키가 만들어낸 '고질라의 원상'이다.

본래 고질라에는 두려워하는 신神의 그림자가 있다. 다케다 다이준武田泰淳의 『'고질라'가 오는 밤』은 대도쿄大東京가 파멸되는 순간

2　[역자 주] '끝나지 않는 일상'이라는 말은 1995년 사회학자 미야다이 신지(宮台真司)가 자신의 저서 『끝나지 않는 일상을 살아라(終りなき日常を生きろ)』에서 제기한 개념으로 당시 광범위 하게 일본 사회에 수용됐다.

"신이시여 당신은 고질라였습니까"라는 말로 끝난다.

수소폭탄 실험과 핵의 평화 이용 틈새에 출현해서 인간의 변화를 강력하게 요구한 '고질라 원상'이 후쿠시마 카타스트로프가 한창일 때 거신병의 모습으로 소생했다.

이는 후쿠시마 카타스트로프의 보이지 않는 파멸을 가시화하고 보는 사람을 "괴물이 나타났다, 인간이 변해라"를 향해 각성시키는 단서를 만들어 낸다.

이는 정부, 재계, 학회, 매스컴이 한 덩어리가 돼서 단단하게 결집된 은폐 사회, 비밀 사회의 압력을 뿌리친다. 또한 카타스트로프의 암흑을 빠져나가 암흑을 낳은 인간 내부로부터 인간의 변화와 사회의 전환을 요구하는 운동으로 점화된다.

여기에도 음울한 '역사의 천사'가 뒷걸음질 치면서 앞 = 미래를 향해 날아오른다.

11. 이미지부터 먼저 바꿔어라!

이는 "괴물이 나타났다. 괴물을 죽여라 (숨기고, 없었던 것으로 해라)"가 아니고, "괴물이 나타났다. 인간이 변해라"를 향한 시도이다.

커다란 사건과 마주할 때 가능하면 정확한 정보와 기존의 상식을 타파하는 사고가 요구된다. 이와 동시에 정보나 사고에 개입해 다음 전개의 방아쇠가 되는 새로운 이미지 즉 이야기를 창출하는 것이 필수불가결하다.

사건이 사회적으로 은폐되고 그것을 둘러싼 현실이 움직이지 못할 때 새로운 이미지 = 이야기를 통한 돌파가 더욱더 필요해진다.

현대문학에서는 가와카미 히로미川上弘美가 『신 2011神様 2011』에서 원전사고 이전의 이야기를 사고 이후의 이야기로 바꿔 써서 이전 / 이후의 가공할 차별을 조용히 그려 냈다. 이를 시작으로 승려 작가 겐유 소큐玄侑宗久의 『빛나는 산光る山』2013은 현지에서 대지진과 쓰나미, 방사능과 마주하며 '기원'과 '말'을 무기로 계속 싸워 나갔다. 이토 세코いとうせいこう의 『상상라디오想像ラジオ』2013는 동일본대진재로 죽은 자의 목소리나 = DJ아크가 슬픔을 공유하는 산 자의 상상 속에서 울려 퍼지는 모습을 포착한다. 또한 현대 연극에서는 오카다 리키岡田利規가 ≪현재지現在地≫2012년 초연에서 젊은이들의 일상과 이라크전쟁을 겹쳐서 비정규 노동의 일그러짐을 포착해서 원전사고와 마주 보게 하는 방법을 써서 각각의 인물의 '지금'을 끌어냈다. 또한 원전 진재 이후 일본의 몰락을 그린 나카쓰루 아키히토中都留章仁의 『배수의 고도背水の孤島』2011년 초연도 주목할 만 하다.

끊임없이 등장하는 현대문학, 현대연극, 서브컬처 작품의 99퍼센트가 현재의 괴물, 후쿠시마 카타스트로프를 전혀 존재하지 않는 것처럼 여기고 활동하고 있다. "괴물이 나타났다. 괴물을 죽여라 (숨기고, 없었던 것으로 해라)"를 대다수가 의식적 무의식적인 것을 묻지 않고 충실히 실천2020년 '도쿄올림픽'을 향한 원전 사고 완전 컨트롤 선언이나 특정 비밀보호법의 성립 등의 정치 움직임과 연동해 가고 있는 가운데, 이는 몇 안 되는

"괴물이 나타났다. 인간이 변해라"라는 메시지를 이미지의 변경을 통해 실천하려는 시도라고 해도 좋다.

"괴물이 나타났다. 인간이 변해라"라는 메시지를 이미지의 변경을 통해 우선 실천한다면, 〈고질라〉 첫 번째 작품1954에서 만들어진 '고질라 원상'은 이러한 변혁을 가장 이른 시기에 시도한 것이다. 이를 반세기 이상 흐른 뒤에 계승한 안노 히데아키의 새로운 '거신병 이미지' 또한 그러한 시도임은 두말할 필요도 없다.

이미지부터 먼저 변해라.

은폐, 폭로, 착수 그 한 걸음 앞, 현실 변혁을 향한 좌절의 두 걸음 뒤에서.

갈증과 같이 사람은 그것을 계속 요구해 왔다.

> 세계의 영상을 뒤집지 않는 한 영구히 현실을 뒤집을 수 없다.
> 이미지부터 먼저 바뀌어라! 이것이 원점의 역학이다.
> —다모가와 간(谷川雁), 「환영의 혁명정부에 대해서(幻影の革命政府について)」, 1958

이미지 창출에 내건 '순간의 왕瞬間の王' 시대의 혁명 시인 다모가와 간을 나는 예전부터 그리고 지금도 변함없이 절대적으로 긍정한다.[3]

3　[역자 주] '순간의 왕'은 다모가와 간의 제2시집 「천산(天山)」(1956), 「정본 다모가와 간 시집(定本谷川雁詩集)」(1960)을 간행할 때, 그 「후기」에서 "내 안에 있는 '순간의 왕'은 죽었다"라고 하면서 그 이후 시를 쓰지 않을 것을 선언할 때 했던 말이다.

12. 고질라의 애처로운 외침

1) 미국의 핵실험을 '정당화'하는 최신 고질라 영화

고질라의 애처로운 외침이 들려오는 것 같다. 그릇된 찬사를 바로잡기 위해서라면 다소의 매서운 비평은 용서될 것이라 생각한다.

신예 개러스 에드워즈Gareth Edwards 감독이 만든 할리우드판 〈갓질라Godzilla〉2014는 3D영상 특유의 박력, 긴박감이 넘치는 스토리로 구성돼 있다. 중량감 만점의 고질라에 기발한 모습의 대결 상대 괴수 무토M.U.T.O. 여기에 미국인들이 좋아하는 '아버지와 아들'과 관련된 인간 드라마가 겹겹이 장치돼 있다. 할리우드의 호사스럽고 걸출한 영화 연출력에 확실히 압도되는 면이 있다.

하지만 영화적 박력은 그것을 관철하는 사상적 충실함이 없다면 무섭고 시끄러운 공허함으로 바로 뒤바뀐다.

이 작품은 개봉 전에 1954년 판 초대 고질라의 사상을 훌륭히 이어 일본의 3·11원전 진재 문제마저도 도입했다고 선전했다. 그것이 출연 배우 및 평론가들에 의해 뜨겁게 선전된 작품이지만 영화가 시작되자 물음표가 계속 이어졌다.

이 영화에서 일본의 잔지라雀路羅 시 소재 원자력발전소가 1999년도에 갑자기 크게 흔들리더니 무너져 내린다. 이것은 확실히 후쿠시마 제1원전 사고를 의식한 구성이다. 그 흔들림은 방사능을 에너지로 사용하는 괴수 무토의 소행이었다. 출입 금지 구역이 정해진 마을은 폐허가 되지만 방사능오염은 전혀 없다. 3·11원전 진재의 외형을 그대로 모방해 원전 자체의 위험성도 방사능오염도 깨끗이 제거된다.

초대 고질라가 출현한 이유가 1954년 미국에 의한 핵실험이라는 사실에는 거듭 놀라게 된다. 초대 고질라는 히로시마·나가사키에 이은 핵의 공포 즉 미국의 핵실험에 의한 제5후쿠류마루 사건을 계기로 탄생한다. 에드워즈 감독판 〈고질라〉에서 수폭 실험은 놀랍게도 고질라를 죽이기 위한 정당한 공격으로 여겨진다. 이는 본말이 전도된 것으로 미국의 핵실험을 '정당화'하는 논리이다.

본래 미국에서는 고질라 = 공포의 핵 괴수라는 설정을 좋아하지 않았다. 일본에서 만들어진 초대 고질라의 리메이크판 〈괴수왕 갓질라〉1956에서도 핵의 공포는 삭제된다. 롤랜드 에머리히 감독의 〈고질라〉1998에서는 프랑스의 핵실험이 고질라 출현의 원인으로 나온다. 미국의 핵실험은 우선 '소거'되고 다음으로는 책임이 '전가'된다. 뒤이은 에드워즈 감독판에서는 마침내 당당한 '정당화'가 이뤄진다.

문화제국주의는 세계로부터 색다른 문화를 모아서 진열하는데, 이는 문화의 고유성을 제멋대로 잘라 버리는 방식을 써서 처음으로 가능해진다. 이 영화에서 고질라는 마침내 미국인 기호에 맞는 안전한 괴수로 변했다. 이미 고질라를 중심으로 라돈, 모스라, 킹기도라가 등장하는 속편 제작이 결정됐다고 보도됐다.

에머리히 감독판 〈고질라〉는 "이런 것은 고질라가 아니다"라고 도호東宝의 고질라 관계자를 강하게 자극해 새로운 일본판 고질라

제작을 재촉했다. 에드워즈 감독판 〈고질라〉를 계기로 3·11 후의 지나치게 가혹한 상황을 살아가는 진정한 사상적인 괴수 고질라의 탄생을 나는 기대해 본다.

고질라여, 그대는 어떠한 마음과 모습으로 고향으로 돌아올 것인가?

고질라와 고질라 영화 사이의 불행한 관계

곤란하게도 나는 고질라 영화의 열렬한 팬이 아니다.

하지만 곤란하게도 나는 상당히 심각할 정도로 고질라 팬이다.

고질라 팬인 내가 고질라와 만날 수 있는 것은, 우선 뭐니 뭐니 해도, 팬이 아닌 고질라 영화에서다. 고질라와 관련된 내 어느 정도의 곤란함은 바로 여기서 비롯된다.

따라서 오랜만에 보는 고질라 영화에서, 오랜만에 고질라의 움직이는 모습을 접한 내가 영화관을 나올 때 품었던 마음은 상당히 분열돼 있었다고 말할 수밖에 없다.

포효하고, 전진하고, 몸부림치며, 파괴하는 고질라와 만나고, 두껍게 퇴적된 고질라의 기억과 그 하나하나에 대한 감정을 상기하며, 꿈과 같은 혼란을 즐기고 있는 나는, 동시에 '고질라라고 하는 존재'를 매번 살리지 못하는 고질라 영화에 실망하고 있는 나이기도 하다.

아마도 이것은 나만의 곤란함이 아닐지도 모르겠다.

고질라는 꽤 신경이 쓰이지만, 차례차례 만들어지는 고질라 영화에는 관심이 없다고 하는 사람은 많다. 울트라맨의 이름을 들으면, 여러 포즈를 취했던 신체 감각이 되살아나고 괴수들의 애처로운 포효가 어렴풋이 들려옴에도 현재도 계속되는 '울트라맨' 시리즈에는 전혀 마음이 동하지 않는다고 말하는 사람도 마찬가지로 있다.

이른바 '졸업'이라고만은 할 수 없다. '졸업'은 다음 무엇인가를 향해서 관심이 이행하는 것인데, 그 다음을 특정할 수 없기 때문이다. 괴수나 가면 영웅들로부터 마침내 맨얼굴의 인간으로 관심이 옮겨간 시기를 기억하고 있지만, 그때 인간을 향한 흥미가 어떻게 된 것인지는 명확하지 않다. 또한 문득 정신을 차려보니 다시 괴수나 가면 영웅에 관심을 가졌다는 사람도 의외로 많은 것이 아닐까.

재회하는 '괴수나 가면 영웅'들은 대부분 처음 만났을 때의 놀라움과 매혹을 지니고 있는 존재다.

게다가 그들은 과거 그대로가 아니라, 각자 그 후 인간을 향한 관심과 흥미의 양태를 총체로서 덮어쓰고 있음은 다시 말할 필요도 없을 것이다.

그러므로 우리가 재회하는 괴수는 처음에 만났던 괴수인 동시에 처음에 만났던 그대로의 괴수는 아니다.

각자의 존재가치를 유의미하게 부여받은 '괴수나 가면 영웅'이 새롭게 만들어진 그것들과 겹쳐질 리가 없다.

저건 좋았는데 이번 것은 엉망이라고 사람들은 중얼거린다.

최초의 〈고질라〉 영화가
공룡 스타일의 괴수로 만들어진 것의 의의

다만 고질라의 경우 사정은 조금 다를지도 모른다.

그것은 고질라 영화 반세기 역사 속에서 첫 영화가 놀랍도록 뛰어나서 고질라라고 사람들이 말할 때는 반드시 첫 영화 〈고질라〉를 가리키기 때문이다. 첫 영화를 그 당시에 본 사람만이 아니라, 후일 어떤 계기로 첫 영화를 본 사람 (나 또한 여기에 속한다)도 마찬가지다.

고질라가 미니라를 '교육하는 아빠'가 되는 〈올 괴수 대진격〉이나, 고질라가 싸움의 방관자가 되는 〈고질라 VS 모스라〉는 물론이고, 고질라와 거의 겹치는 괴수를 등장시켰으며 비교적 잘 만든 〈고질라 대 헤도라〉나 〈고질라 VS 비오란테〉에서조차, 고질라를 향한 사람들의 관심을 지속시키는 것은 어려웠다. 내가 아는 고질라 팬의 대부분은 첫 영화 고질라의 팬이다.

고질라는 꽤 신경이 쓰이지만, 차례차례 만들어지는 고질라 영화에는 관심이 없다고 하는 사람들 대부분은 〈고질라〉 첫 영화는 좋아하지만 그 후에 만들어진 고질라 영화는 싫다고 하는 사람들일 것이다.

나 또한 이런 관점에 대체로 찬성한다.

확실히 〈고질라〉 첫 영화는 명작이다. 하지만 나는 〈고질라〉라는 고질라 영화에 대한 흥미 이상으로, 그 영화에서 처음으로 모습을 드러낸 '고질라라는 존재'에 강하게 끌린다. 그렇다. 고질라라는 존재. 공룡 스타일에 그로테스크한 괴수라고 하는 가공의 존재이면서, 그렇다기보다는 그렇기에 실재하는 것 이상으로 내 마음 깊은 곳으로 파고 들어와 버린 존재로서의 고질라.

그러므로 그 후의 고질라 영화에도 '고질라라는 존재'가 나타나는 한, 관심을 계속 가질 수 밖에 없었다.

모든 고질라 영화를 개봉할 때 본 것은 아니지만 '고질라라고 하는 존재'의 어둡게 반짝이는 매력에 푹 빠진 나는, 행인지 불행인지 많은 고질라 팬과 마찬가지로 〈고질라〉 첫 영화 이외의 고질라 영화 따위는 모른다고 말할 수 없어졌다.

고질라로부터 계속 도망친 역사

'고질라라는 존재'의 매력을 보자면 첫 영화 〈고질라〉를 빼고 후속작 고질라 영화는 모두 '고질라라는 존재'를 잘 다루지 못 했을 뿐만이 아니라 '고질라라는 존재'로부터 그저 계속 도망치고 있는 것처럼 내게는 보인다.

공룡 스타일의 대괴수 고질라가 처음으로 출현했던 '고질라 영화'로부터 대결하는 괴수가 변화해 가는 '괴수' 영화로, 고질라라는 존재를 묻는 것이 아니라 고질라를 자명한 것으로 여기는 고찰이 중심인 '고질라론' 영화로 변해갔다. 더 나아가서 대결하는 괴

수의 '문제'화가 이야기의 중심이 된 '괴수론' 영화로, 또한 21세기
는 미일 고질라 출현의 역량 차이를 동인으로 한 '미일 고질라 대
결' 영화로 나아갔다. 각각이 마주한 문제는 그 나름대로 흥미 깊
지만, '고질라라는 존재'는 점점 더 가볍고 얇아졌으며, "왜 여기서
등장하는 게 고질라여야만 해"라는 의문에 고질라 자신도 곤혹스
러움을 숨길 수 없을 정도였다. 영화에 등장하는 고질라는 '당황하
는 고질라'가 된 지 이미 오래다.

고질라 영화 반세기 이상의 역사는 고질라로부터 도망친 역사
라고 해도 과언이 아니다. 여기서 내가 상기하는 것은 SF의 기원으
로도 간주되는 괴물 창조의 이야기, 19살이 이제 막 된 여성 메리
셸리에 의해 쓰인 무시무시한 이야기 『프랑켄슈타인』[1818] 이다.

천재 과학자 빅터 프랑켄슈타인은 자신이 만든 괴물이 노랗고
어둠침침한 눈을 뜨는 것을 봤다. 공포와 혐오로 채워진 프랑켄슈
타인은 순간의 망각을 구해서 잠들지만 평안은 오래가지 못 한다.

나는 소스라치게 놀라며 잠에서 깼습니다. 이마에는 식은땀이 흘렀
고 이가 덜덜 떨리며 팔다리가 후들거렸어요. 그때였습니다. 창문의 덧
문 틈을 비집고 들어오는 어슴푸레한 노란 불빛에 그 흉물, 내가 만든
그 끔찍한 괴물이 보이는 겁니다. 그는 내 침대의 커튼을 들추고 나에
게 눈을 고정하고 있었어요. 그걸 눈이라고 할 수 있다면 말입니다. 그
러고는 입을 벌리더니 히죽 웃으면서 뺨을 일그러뜨리며 알아들을 수
없는 소리로 웅얼거리더군요. 말을 했는지는 모르겠지만 어쨌든 나에

게는 들리지 않았습니다. 그가 나를 붙잡으려는 듯 한 손을 뻗는 순간,
나는 얼른 방에서 나와 후다닥 계단을 내려갔습니다.

— 메리 셸리, 박아람 역,『프랑켄슈타인』, 2022

이렇게 프랑켄슈타인 박사는 괴물로부터 도망치기 시작한다.
마침내 그 공포가 괴물 말살을 향한 바람으로 전환되는 것은 말할
것도 없다.

무엇인가 터무니없는 것을 만들어버렸다.

어떻게 하면 좋을 것인가.

도망치는 것, 피하는 것, 딴 것으로 간주하는 것, 없애 버리는 것, 혹
은 다른 방식. 이것은 고질라 영화 반세기에 넘는 역사와 겹쳐진다.

도대체 도망과 말살이 아닌 고질라 영화는 가능이나 한 것일까.
만약 가능하다면 그것은 어떠한 방향일까.

"괴물이 나타났다. 괴물을 죽여라"로부터
"괴물이 나타났다. 인간이 변해라"로

『프랑켄슈타인』은 "괴물이 나타났다. 괴물을 죽여라" 식의 괴물
이야기가 아니라, 괴물이 괴물 스스로와 마주하고, 그 미래를 선택
하는 곳에서 끝난다. 괴물 창조의 이야기로 무수히 많은 잔혹한 괴
물 이야기를 물리치고 '괴물의 미래'를 선명히 가리킨 이야기이다.

또한 근미래 세계의 『프랑켄슈타인』 이야기를 과감히 실현하려고 시도한 영화 〈블레이드러너〉리들리 스콧 감독, 원작 필립 K. 딕 또한 '괴물의 미래'를 향해 인간의 변화를 시사하며 끝난다. "괴물이 나타났다. 인간이 변해라"라는 진정한 창조적 괴물 이야기인 셈이다.

괴물의 미래만이 아니라, 그 존재조차 희박하게 만들고 있는 고질라 영화가 그처럼 뛰어나고 창조적인 이야기의 계보로 이어져, 괴물의 미래와 인간의 변화를 저 멀리 조망하는 새로운 이야기가 되기를, 심각한 고질라 팬이자, 지금까지 만들어진 고질라 영화의 열렬한 팬은 아닌, 나는 희구하고 있다.

틀림없이 그렇게 될 것이다.

고질라 팬인 제작진에 의해서 꼭 실현되리라 믿는다.

이 책은 1993년 12월에 출판됐던 『고질라가 오는 밤에』를 기초로 하고, 그 후부터 현재에 이르기까지 고질라의 궤적과 그 의미에 대해서 썼던 글을 새롭게 추가한 것이다. 다만 시간이 많이 흘렀지만 고질라의 기본 사상을 대폭 수정할 필요성은 느끼지 못 했다.

책을 써나가면서 모든 고질라 영화와, 많은 고질라 관련 책, 괴수관련 서적, 잡지, 공룡과 관련된 서적, 영화 팜플렛, 고질라 연구서, 여기에 덧붙여 인터넷에 있는 방대한 고질라 홈페이지 등을 참조하고 서술에 이용했으며, 또한 직접 인용했다. 참고한 서적 등의 분량은 본문에 명기된 것에 몇 십 배에 달할 것이다. 영화와 관련된 정보는 영화를 우선했기에 대본이나 노블라이제이션히트한 영화나 텔레비전의 각본을 소설화하여 간행한 것과는 표현이 약간 다를 수도 있다. 또한 고질라 탄생과 관련된 에피소드는 거의 대부분이 다케우치 히로시의 수작인 「〈고질라〉의 탄생』에 빚지고 있다. 이 논문은 다케우치와 이케다 노리아키池田憲章가 협력해서 만든『쓰부라야 에이지 영상세계』실업의일본사에 수록돼 있다. 또한 다나카 도모유키 감독의『고질라 대백과』,『최신 고질라 대백과』학습연구사나, 이케다 노리아키 등이 만든『고질라 대사전』(유일하게 잘 만들어진 사전이다)에서 많은 도움을 받은 동시에, 고질라 영화의 이른바 도호에서 공인한 정보이기에 책을 서술할 때 이용했다. 또한『도호특촬영화전사』도호주식회사,『도호특촬괴수영화대람』아사히소노라마,『결정판 고질라 입문』소학관,『고질라 대전집』고단샤,『고질라』도쿠마쇼텐 등 고질라를 향한 사람들의 깊은 애정이 전해지는 선행 작업 모두에 깊은 감사를 표한다. 물론 고질라 영화를 지속해서 만든 도호와 영화 제작진의 헌신적인 노력도 포함해서다. 또한 이른바 고질라 연쇄連鎖 작업에 내 작은 시도가 포함된 것을 기쁜 마음으로 적어둔다. 이번에도『전후사 대사전』산세이도을 전후사·현대사와 관련된 사실이나 데이터, 에피소드를 소개할 때 활용했는데, 참으로 탁월한 업적임을 다시 한 번 확인할 수 있었다.

또한 많은 분들의 힘을 빌려서 이 책을 낼 수 있었다. 1993년도에 냈던 구판에서는 돌아가신 모리 스미오森純夫 씨, 가나사시 교코金指香子, 결혼 전의 성 가메야마(亀山) 씨, 쓰지 요시히로辻吉祥 씨, 쓰즈키 겐이치都築賢一 씨, 하야시 요시에林佳恵 씨의 도움을 받았다. 이번에는 특히 레오엔터프라이즈의 하네 와시로羽根和代 씨에게 신고질라 영화

정보는 물론이고, 최근 세계에서 유행하는 괴수 영화나 최신 기술을 구사한 영화에 대해서 조언을 얻었다. 깊이 감사한다.

문고본을 만들면서 문고편집부의 다카하시 이타루高橋至 씨에게 신세를 졌다. 이타루 씨는 문예잡지『스바루』편집부 시기부터 계속, 자칫하면 폭주하거나 자멸하기 쉬운 내 비평에 '형태'를 부여해줬는데 이번에도 마찬가지였다. 감사할 따름이다.

괴물이 나타났다 인간이 변해라

   이 책은 일본 슈에샤集英社에서 출판된 『고질라가 오는 밤에―'사고를 재촉하는 괴수'의 현대사』1999 개정증보판를 번역한 것이다. 일본어 원저와는 다소 구성이 달라서 조금 설명이 필요할 듯하다. 원저는 이 책의 '제5장 고질라의 시각으로 본 울트라맨과 해커'까지로 2000년대 이후 영화를 다루지 못 한 한계가 있어서, 6장에 저자의 최신 고질라론 '고질라, 후쿠시마, 신거신병新巨神兵'을 추가했다. 이 논의는 2011년 동일본대진재 이후 나왔던 개러스 에드워즈 감독의 〈갓질라Godzilla〉2014까지 시야에 넣고 있기에 2000년대 이후의 논의를 어느 정도 따라갈 수 있다. 또한 원저에는 작가 시오미 센이치로塩見鮮一郎의 해설이 실려 있는데 여러 이유로 한국어판에는 수록하지 못 했다.

   시오미 센이치로가 해설에서 쓰고 있듯이 이 책은 저자의 고질라에 대한 애착 / 애정을 바탕으로 수소폭탄 실험, 원자력발전, 근대화, 도시, 자위대防衛隊, 고도경제성장 등 일본의 전후를 살아간 고질라를 다루고 있다. 조금 길기는 하지만 저자는 고질라의 출현이 뜻하는 의미를 시적으로 표현하고 있다.

사람들은 고질라와 직면한 후 처음으로,

전쟁과 아직 그렇게 멀리 있지 않았기에 맹렬한 속도로 그것으로부터 멀어져야만 하는 것,

마침 '근대화'의 시간의식이 '과거'를 '태고'로 바꿔나가고 있었던 것,

질서의식이 만들어져 가고 있었던 것,

'방위'의식 또한 그와 함께 고양돼 가고 있었던 것,

과학기술이라는 새로운 신이 같은 편이었던 것,

또한 이 시대가 번쩍번쩍 매끈매끈한 금속에 의해서 코팅되고 있다는 무엇인가 눈부신 느낌 등등을 알게 되었다.

이처럼 오늘날에는 아직 "어디에도 없지"만 미래에는 실현될 것이 분명한 시대의 모습을 고질라가 알려주었다.

우리는 종종 잃어버리고 나서야 처음으로 그 소중함을 알게 되는 일을 경험한다. 부서진 후 처음으로 그 존재를 눈치 챌 수 있다. 반대되는 것이 나타나고서야 처음으로 반대가 아닌 이쪽의 모습을 알아차린다.

만약 고질라 덕분에 사람들이 살아가는 시대와 질서 전체의 윤곽이 명확히 그려졌다고 한다면, 고질라는 파괴하면서 실제로는 질서의 윤곽을 명확히 해서 사람들에게 질서를 방위할 필요성을 가르쳐준 셈이 된다.

고질라는 "살아가는 시대와 질서 전체의 윤곽"을 명확히 그려내는 존재로 일본인 앞에 출현했다. 물론 고질라에게는 여러 모습이 있음도 잊어서는 안 된다. 선한 고질라, 공포의 고질라, 파괴하는 고질라, 방위하는 고질라, 그로테스크한 고질라 등등이 그것이다. 물

론 인간이야말로 고질라이자 괴수라는 저자의 메시지도 중요하다.

이 책은 고질라를 중심으로 일본의 역사와 사회를 이론화했다기보다, 고질라가 절멸되지 않고 촉구했던 인간을 향한 변화의 메시지를 담고 있다. 1954년 첫 영화 〈고질라〉에서 '공포의 대괴수'로 등장했던 고질라는 이 책 4장에서 저자가 밝히고 있듯이 "'(일본)'국민'의 변화를, '국민' 내부로부터 자기변화의 시도를 요구하고 촉구하는 존재"로서 등장했다. 하지만 고도경제성장이 시작되자 사회의 질서 안에서 안정을 추구하는 사람들이 다수를 점해가고 해방의 상징인 그로테스크한 고질라는 힘을 잃어가기 시작했던 상황도 예리하게 분석하고 있다. 저자는 괴수괴물가 사회에 등장했을 때 인간의 반응으로 두 가지를 제시한다.

(가) 괴물이 나타났다. 괴물을 죽여라 (숨기고, 없었던 것으로 해라).

(나) 괴물이 나타났다. 인간이 변해라.

고질라가 일본에서 처음으로 모습을 드러냈던 1954년, 일본 국민의 반응은 (나)에 가까웠다가, 고도경제성장으로 대다수의 국민이 질서와 방위 의식에 사로잡히자 (가)에 가까워져갔다. 시대가 (나)에 가까웠음은 원폭투하와 패전으로부터 채 10년도 되기 전에 제5후쿠류마루 피폭 사건미국 행한 1954년 3월 1일 비키니 환초 부근에서의 수소폭탄 실험에 의한 피폭이 일어나고 반핵, 반원전 사회운동의 맥락 속에서 혼다 이시로 감독의 〈고질라〉가 제작된 것과도 이어져 있다. 저자는 '고질라 = 괴물 이야기'의 의미를 다음과 같이 정의한다.

무수한 괴물 이야기는 전자괴물이 나타났다. 괴물을 죽여라에 속한다. 하지만 때로는 그러한 피투성이가 된 상식의 두꺼운 층을 날려 버리고 동시대를 살아가는 인간 한 명 한 명에게 강하고 집요하게 변경을 요구하는 획기적인 이야기가 출현한다. 이상한 괴물에게 내장된 것이 전대미문의 파국적 사태와 그것으로 인한 절망이라면 괴물의 출현을 똑똑히 보며 인간에게 변화를 요구하는 이야기는 무엇을 의미하는가.

'고질라 = 괴물 이야기'가 1954년 일본에 출현했을 때, 확실히 일본 국민은 "집요하게 변경을 요구하는 획기적인 이야기"에 동요됐었다. 이는 〈고질라〉1954가 극장에서 상영되었을 당시의 에피소드에서도 확인할 수 있다. 약 천만 관객은 극장 스크린을 가득 채운 거대 괴수의 포효하는 모습을 바라보며 전율했다. 고질라의 포효는 인간이 변화하지 않으면 고질라와 같은 괴물은 계속해서 나타날 것이라는 경고에 다름 아니었다. 저자는 인간이 변하지 않는다면 "본디 없었던 것처럼 감추고 또 감춰도, 죽이고 또 죽여도 괴물은 우리의 내부로부터 한층 더 파국을 확대해서 공포를 만연시켜나가며 계속해서 출현"할 것이라고 경고한다.

고질라는 한국에도 잘 알려진 괴수지만, 지금까지 그와 관련된 인문학 연구서나 번역서는 나온 적이 없는 것으로 알고 있다. 이 책을 읽으며 다음과 같은 질문에 대한 답을 독자 스스로 찾아보고 생각하는 계기가 되기를 바라본다.

고질라는 왜 밤에 찾아오는가?

고질라는 일본인에게 전쟁의 참화를 불러온 '천황(제)'과 원폭을 히로시마와 나가사키에 투하한 미국을 직접적으로 호명하지 않는가? 혹은 왜 애매하게만 다루고 지나가는가?

고질라는 왜 다른 형태의 괴수가 아니라 공룡을 본 뜬 모습을 하고 있는가?

봉준호 감독의 〈괴물〉2006은 다카하시 토시오의 '괴물론'과 어떤 지점에서 이어져 있는가? 어떻게 "괴물이 나타났다. 괴물을 죽여라"는 메시지를 드러내고 있는가?

이 책을 옮기게 된 계기는 저자와의 개인적인 인연도 크지만, 그보다는 대학에서 '일본의 역사', '일본애니매이션의 이해' 등을 강의하며 '고질라' 표상과 마주했을 때, 이 책을 하나의 논거로 삼았기 때문이다. "괴물이 나타났다. 괴물을 죽여라", "괴물이 나타났다. 인간이 변해라"라는 메시지를 놓고 한국 사회에 나타났던 / 나타난 '괴물'이 어떤 의미를 지니는지를 카이스트 인문사회과학부, 광운대 교양학부, 명지대 일어일문과현직에서 지난 10년간 했던 강의의 기억도 새롭다.

이 책은 전후 일본 사회를 다룬 책이지만 한국어판을 읽는 독자는 한국 사회의 파국적인 사건과도 겹쳐서 읽을 수 있을 것이다. 한국 사회에 '괴물'이 출현했을 때 우리는 "괴물이 나타났다. 괴물을 죽여라"와 "괴물이 나타났다. 인간이 변해라" 중에서 어떤 방향으로 나아갔었는지 / 가고 있는지도 돌아볼 수 있는 책이 아닐까 싶다. 괴물이 나타났을 때 우리는 괴물을 죽이는 데만 혈안이 되는 것이 아니라, 스스로를 돌아보고 인간이 변하는 길로 나아갔었던가?

*

조금 개인적인 이야기를 하고 옮긴이 후기를 끝맺으려 한다. 저자인 다카하시 토시오 선생님은 대학원 시절의 스승님이며 지난 2014년 번역했던 『아무도 들려주지 않았던 일본 현대문학－전쟁·호러·투쟁』[2014]의 저자다. 전작이 2014년 10월 8일 제주대학에서 열린 행사에 맞추기 위한 무리한 일정의 번역 작업이었다면, 이번 책은 개인적인 사정이 겹치면서 약속했던 시일을 무려 5년 이상 넘겨버렸다. 이 책을 옮기며 저자의 독특한 문체에 다시 한번 멈춰섰다. 단문으로 이뤄진 문장과, 카피 문구 같기도 하고 시의 한 구절 같기도 한 저자의 독특하고 비평적인 문체를 최대한 살리려 노력했지만, 일부는 가독성을 위해 완결된 문장으로 풀어냈다. 원문의 리듬과 뉘앙스를 온전히 그대로 한국어로 가져올 수 없는 아쉬움이야말로 번역의 불가능성을 드러낸 지점이자 번역이 만들어내는 새로운 가능성이라는 생각도 들었다.

오랜 시간 동안 한국어판 간행을 기다려준 저자와 들어오지 않는 원고를 인내심 있게 기다려준 소명출판 박성모 사장님께 감사의 말씀을 드리고 싶다. 또한 번역하는 내내 옆에서 "괴수가 뭐야?" "고질라가 뭐야?"라고 끊임없이 질문을 했던 이제 초등학교 3학년 인 두 딸세랑과 세연이 사실상 한국어판의 첫 두 독자였음도 밝혀둔다.

끝으로 이 책이 많은 독자에게 닿아서 일본 / 일본인을 깊이 있 게 이해하는 차원을 넘어 '괴수괴물'에 관한 해석의 지평을 넓히는 데 도움이 되기를 기대해 본다.

2025년 여름이 끝나갈 무렵
호주 멜버른에서
연구년 중에, 옮긴이 씀